Schritte PLUS NEU 1+2 Niveau A1

Deutsch als Zweitsprache

Intensivtrainer mit Audios online

Daniela Niebisch

Hueber Verlag

unter Mitarbeit von:
Franz Specht

5. 4. 3. | Die letzten Ziffern
2029 28 27 26 25 | bezeichnen Zahl und Jahr des Druckes.
Alle Drucke dieser Auflage können, da unverändert, nebeneinander benutzt werden.
1. Auflage

Umschlaggestaltung: Sieveking Agentur, München
Gestaltung und Satz: Sieveking Agentur, München
Verlagsredaktion: Julia Schulte, Hueber Verlag, München
GPSR-Kontakt: Hueber Verlag GmbH & Co. KG, Baubergerstraße 30, 80992 München, kundenservice@hueber.de
Druck und Bindung: PASSAVIA -Druckservice GmbH & Co. KG, Medienstraße 5b, 94036 Passau, info@passavia.de
Printed in Germany
ISBN 978–3–19–531081–9

Art. 530_29393_001_03

Inhalt

Grammatik

1 Ergänzen Sie.

.... /5 Punkte

a ◆ W ______________ kommst du?
◇ Aus Rumänien.

b ◆ ______________ ist Ihr Name?
◇ Barbara Koch.

c ◆ ______________ sprechen Sie?
◇ Arabisch und ein bisschen Deutsch.

d ◆ ______________ heißen Sie?
◇ Ich? Ich bin Andreas Lehmann.

e ◆ ______________ ist das?
◇ Das ist Frau Bauer.

2 Schreiben Sie Sätze.

.... /5 Punkte

a ist – mein Name – Anne Bär – . Mein Name ist Anne Bär.
b du – wer – und – bist – ? ______________
c Sandra – heiße – ich – . ______________
d kommst – woher – du – ? ______________
e Österreich – ich – aus – komme – . ______________
f spreche – ein bisschen – ich – Englisch – . ______________

3 Ergänzen Sie in der richtigen Form: *heißen – kommen – sein.*

.... /5 Punkte

◆ Guten Tag, ich heiße Brigitte Weiß.
Und wie ______________ Ihr Name?
◇ Hallo, Frau Weiß.
Ich ______________ Stefan Maier.
◆ Woher ______________ Sie, Herr Maier?
◇ Ich ______________ aus St. Gallen.
Das ______________ in der Schweiz.
◆ Ah schön! Aus der Schweiz!

GRAMMATIK .... /15 Punkte

4 Meine Wörter im Kurs: Was passt? Ordnen Sie zu.

.... /3 (6 x 0,5) Punkte

ergänzen · ansehen · hören · lesen · markieren · schreiben · ~~zeigen~~

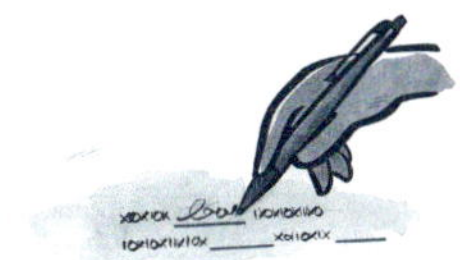

a ein Wort zeigen ein Wort .... ein Wort .... ein Wort ....

b ein Gespräch .... ein Gespräch .... ein Foto ....

5 Ordnen Sie zu.

.... /4 (8 x 0,5) Punkte

Familienname · E-Mail · Hausnummer · Postleitzahl · Stadt · Straße · Telefon · Vorname

Firma Microlab
Annelise Bär
Berberstr. 10 Tel.: 0221 / 98 76
50733 Köln E-Mail: info@microlab.de

6 Was passt? Ergänzen Sie die Sprache.

.... /5 Punkte

a Deutschland Deutsch
b Polen ....
c Russland ....
d England ....
e Türkei ....
f Rumänien ....

WORTSCHATZ .... /12 Punkte

LERNTIPP

Kleine Portionen!

1 Schreiben Sie fünf Fragen.

2 Hängen Sie die Fragen im Bad auf.

3 Üben Sie beim Zähneputzen.

Lesen und Hören

7 Lesen Sie und ergänzen Sie.

.... / 4 (8 x 0,5) Punkte

A

Hallo! Ich bin Nina. Nina Altmann. Ich komme aus Leipzig. Das ist in Ostdeutschland. Ich spreche Deutsch. Aber ich spreche auch Englisch. Meine Mama ist aus England.

B

Guten Tag! Ich heiße Selim El-Sharawi. Selim ist der Vorname, El-Sharawi der Familienname. Ich komme aus Ägypten, aus der Hauptstadt Kairo. Meine Muttersprache ist Arabisch, aber ich spreche auch gut Französisch und ein bisschen Deutsch

	Familienname	Vorname	Stadt	Land	Sprachen
a	Altmann				
b					Arabisch, Französisch, Deutsch

LESEN .... / 4 Punkte

8 Hören Sie und kreuzen Sie an: richtig oder falsch?

1

.... / 4 Punkte

	richtig	falsch
a Emilio Testa: „Ich komme aus Italien."	○	○
b Marie: „Was sprechen Sie, Herr Testa?"	○	○
c Dario: „Ich spreche Kroatisch und Deutsch."	○	○
d Frau Petrowa: „Ich spreche gut Deutsch."	○	○

9 Hören Sie und ergänzen Sie das Formular.

2

.... / 5 Punkte

Hotel am Meer *Anmeldung*

Familienname .... Vorname ....

Obergasse

Straße, Hausnummer .... Stadt ....

Land ....

HÖREN .... / 9 Punkte

10 Ergänzen Sie: *Tut mir leid – Danke – Entschuldigung – bitte.*

.... /4 Punkte

a ◆ Do you speak English?
  ○ Tut mir leid, ich spreche nur Deutsch.

b ◆ Wie heißen Sie, ...?
  ○ Mein Name ist Ndiaye. Ich buchstabiere: N-D-I-A-Y-E.

c ◆ Herzlich willkommen bei Air Munich.
  ○ ....

d ◆ ...., ist Herr Brunner da?
  ○ ...., ich weiß es nicht.

11 Ein Telefongespräch.

a Was sagt Frau Arslan? Ergänzen Sie und sprechen Sie den Text

.... /6 Punkte

◆ Firma Hansen und Hansen, guten Tag.

○ ...., Merve Arslan. .... Herr Maier ...., ...?

◆ Guten Tag, Frau ...

○ Arslan.

◆ Entschuldigung. Wie ist Ihr Name?

○ Arslan. Ich ....: A–R–S–L–A–N.

◆ Ah ja, Frau Arslan. Tut mir leid, Herr Maier ist nicht da.

○ Danke. ....

◆ Auf Wiederhören, Frau Arslan.

3 **b** Hören Sie und vergleichen Sie.

12 Ergänzen Sie.

.... /2 (4 x 0,5) Punkte

a ◆ Ich bin Hauke Pedersen.
  ○ F r e .... t m ....

b ◆ Das ist Herr Eisenmann, ja?
  ○ Ja, st .... t.

c ◆ Ist Frau Kovalenko da?
  ○ Ja, einen M .... t, bitte.

d ◆ Ich heiße Valentina della Torre.
  ○ W .... b ....? Wie heißen Sie?

SPRECHEN .... /12 Punkte

Schreiben

PAUSE

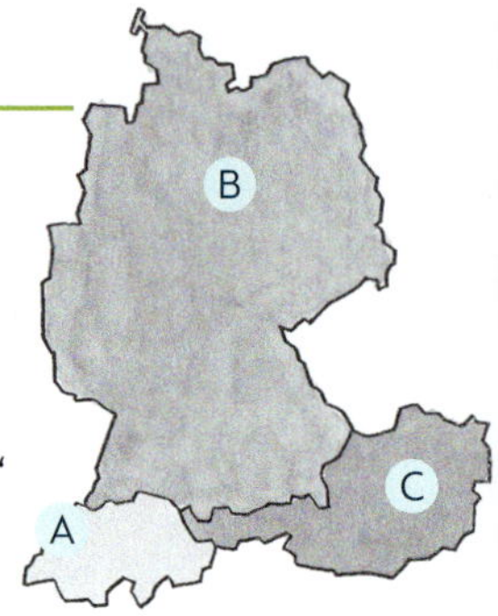

4 **Woher kommen die Personen? Hören Sie das Lied. Ordnen Sie zu und ergänzen Sie.**

a ◯ Herr Meier: „Ich komme aus ...."

b ◯ Frau Bärtschi: „Ich komme aus ...."

c ◯ Frau Pöltl: „Ich komme aus ...."

13 Ergänzen Sie

.... */4 (8 x 0,5) Punkte*

a *s – ss – ß*

Ich *s* preche ein bi *ss* chen Deutsch.

Tschü........!

Ah, intere........ant!

Berliner Stra........e

b *ei – ie*

Tut mir l........d.

Buchstab *ie* ren S *ie*, bitte.

Ich w........ß es nicht.

W........ h........ßen S........?

14 Schreiben Sie.

.... */4 Punkte*

Walter Steiner | Düsseldorf | Deutsch, Englisch, ein bisschen Italienisch | Walter | Steiner

Ich ....

Vorname ...., Familienname ....

Ich ....

Ich ....

....

SCHREIBEN .... */8 Punkte*

MEINE PUNKTE .... */60 Punkte*

☺ 60–55:	☺ 54–49:	☺ 48–43:	😐 42–37:	☹ 36–31:	☹ 30–0:
Super!	*Sehr gut!*	*Gut.*	*Es geht.*	*Noch nicht so gut.*	*Ich übe noch.*

1 Was passt? Kreuzen Sie an.

...... /3 (6 x 0,5) Punkte

a	Ich	O leben	O lebe	O lebt	in München.
b	Meine Eltern	O heißen	O heißt	O heiße	Anna und Theo.
c	Mein Freund Viktor	O kommt	O kommen	O kommst	aus der Ukraine.

d	Wir	O wohnst	O wohne	O wohnen	auch in Deutschland.
e	Bruno	O sprecht	O spricht	O spreche	Deutsch und Italienisch.
f	Ihr	O hast	O hat	O habt	eine Tochter, richtig?

2 Ergänzen Sie in der richtigen Form: *sein*.

...... /7 Punkte

a Sind Sie verheiratet?
Nein, ich .... ledig.

b Woher kommen Sie?
Aus Bern. Das .... die Hauptstadt der Schweiz.

c Wo .... du geboren?
In Stuttgart. Das .... in Süddeutschland.

d Wo .... Lara und Tim?
Ich weiß es nicht.

e .... ihr nicht Anna und Hanna?
Aber nein! Wir .... Ina und Lina.

3 Wo passt *er* – *sie* – *sie*? Markieren Sie und schreiben Sie neu.

...... /5 Punkte

Das ist Rolf Bauer. Rolf lebt in Berlin. Aber Rolf ist in München geboren, in Süddeutschland. Rolfs Eltern wohnen noch in München. Rolfs Eltern sind schon lange verheiratet. Rolfs Schwester heißt Katrin. Katrin ist 17 und ledig. Rolf ist verheiratet. Rolfs Frau kommt aus Hamburg. Rolfs Frau heißt Anke. Rolf und Anke haben eine Tochter. Rolfs und Ankes Tochter heißt Paula und ist drei Jahre alt.

Das ist Rolf Bauer. Er lebt in Berlin.

....

GRAMMATIK ...... /15 Punkte

Wortschatz

4 Ergänzen Sie. .... / 5 Punkte

a Elkes Familie

....

meine Kinder

b Karins Familie

....

....

....

....

5 **5 Hören Sie und schreiben Sie die Telefonnummern.** .... / 5 Punkte

a Schuler, Inge 78 39 04
b Schwan, Herbert ....
c Sebald, Tanja ....
d Seifert, Klaus ....
e Sindel, Daniel ....
f Sommer, Maria ....

WORTSCHATZ .... / 10 Punkte

LERNTIPP

Neue Wörter üben

1 Nehmen Sie immer ein Vokabelheft mit.

2 Notieren Sie neue Wörter.

3 Üben Sie im Bus, zu Hause – überall.

6 Lesen Sie und kreuzen Sie an.

.... /5 Punkte

E-Mail senden

Hallo Anna, wie geht es Dir? Ich schreibe aus Dresden. Hier wohnt meine Schwester. Die Stadt ist schön. Sie ist schon 800 Jahre alt. Dresden liegt im Osten von Deutschland. Bis bald im Deutschkurs.
Natascha

E-Mail senden

Hallo Natascha, bist Du in Dresden? Dresden ist super. Mein Mann kommt aus Dresden. Wir sind oft in Ostdeutschland. Von unserem Wohnort Würzburg sind das circa 400 Kilometer. Viele Grüße,
Anna

		richtig	falsch
a	Natascha wohnt in Dresden.	○	○
b	Sie hat eine Schwester.	○	○
c	Dresden ist in Ostdeutschland.	○	○
d	Anna ist verheiratet.	○	○
e	Anna wohnt in Dresden.	○	○

7 Was ist richtig? Lesen Sie und kreuzen Sie an.

.... /5 Punkte

Ich bin Sevim Yildirim. Ich bin in St. Gallen geboren. Das ist in der Schweiz. Aber jetzt lebe ich in Norddeutschland. In Kiel. Meine Eltern leben in St. Gallen. Sie kommen aus der Türkei. Ich habe drei Geschwister: zwei Brüder und eine Schwester. Sie sind alle schon verheiratet und haben Familie. Ich nicht. Ich bin Single.

a	Sevim kommt aus	○ der Schweiz.	○ Norddeutschland.	
b	Sevims Eltern leben in	○ der Schweiz.	○ der Türkei.	
c	Sevim hat	○ drei Schwestern.	○ zwei Brüder und eine Schwester.	
d	Sevims	○ Schwestern	○ Geschwister	sind verheiratet.
e	Sevim ist	○ verheiratet.	○ ledig.	

LESEN .... /10 Punkte

PAUSE

Wie heißt die Stadt? Lösen Sie das Rätsel.

a Die Hauptstadt der Schweiz heißt ...
b Salzburg liegt in ...
c Hamburg liegt in ...
d In Süddeutschland liegt die Stadt ...
e Die Hauptstadt von Österreich ist ...
f Die Hauptstadt von Deutschland heißt ...

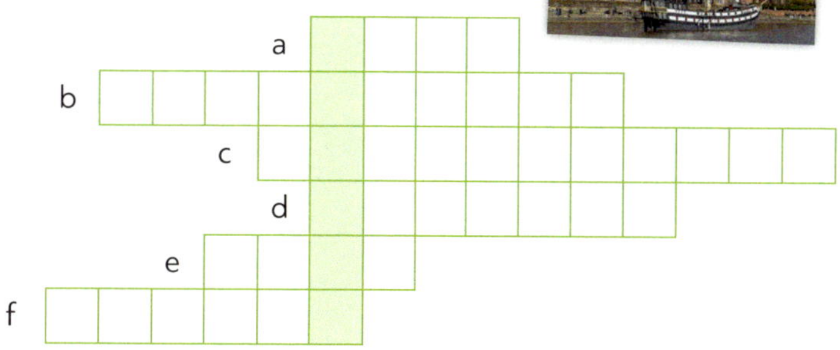

Die Stadt heißt ....

Hören und Sprechen

6–7 **8 Was ist richtig? Hören Sie die Gespräche und kreuzen Sie an.** .... /6 Punkte

a

Bettina und Olli wohnen in	○ Frankfurt.	○ Salzburg.
Olli hat	○ eine Schwester.	○ keine Schwester.
Bettinas Telefonnummer ist	○ 12 06 10 20.	○ 12 16 20.

b

Daniel und Michi leben in	○ Berlin.	○ Leipzig.
Daniels Eltern	○ wohnen in Berlin.	○ sind geschieden.
Michi und Daniel sind	○ acht und sieben.	○ acht.

HÖREN .... /6 Punkte

8 **9 Wie geht's?** .... /5 Punkte

a Hören Sie und antworten Sie.

1  2  3  4  5 

9 **b** Hören Sie noch einmal und vergleichen Sie.

10 Schreiben Sie die Fragen. .... /5 Punkte

◆ Guten Tag. Wie ist Ihr Name, bitte ?
○ Maktabeh Ghiasvand.

◆ .... ?
○ Feldstraße 4, Dortmund.

◆ .... ?
○ 02 31 – 12 34 50.

◆ .... ?
○ In Teheran.

◆ .... ?
○ Nein, ich bin ledig.

◆ .... ?
○ Nein, ich habe keine Kinder.

SPRECHEN .... /10 Punkte

11 Ergänzen Sie: *tt – nn – ...*

.... /2 (4 x 0,5) Punkte

a Mu .... er
b Ma ....
c zusa .... en
d Telefonnu .... er

12 Was schreibt man groß? Schreiben Sie neu.

.... /3 Punkte

a das sind meine eltern. sie leben in berlin. *Das sind meine Eltern. Sie leben in Berlin.*
b meine schwester hat zwei kinder. ....
c wie geht es ihnen? ....
d wo bist du geboren? ....

13 Füllen Sie das Formular für Frau Özdemir aus.

.... /4 (8 x 0,5) Punkte

Frau Özdemir heißt mit Vornamen Yasemin.
Sie ist in Istanbul in der Türkei geboren.
Sie lebt in der Adlerstr. 80 in 47229 Duisburg.
Die Telefonnummer ist 0203 / 43 21.
Frau Özdemir ist verwitwet.

Anmeldung zum Deutschkurs

Familienname: ....
Vorname: ....
Heimatland: ....
Geburtsort: ....
Wohnort: ....
Straße/Hausnummer: ....
Telefonnummer: ....
Familienstand: ○ ledig ○ verheiratet ○ verwitwet ○ geschieden

SCHREIBEN .... /9 Punkte

MEINE PUNKTE .... /60 Punkte

☺	☺	☺	😐	☹	☹
60–55:	54–49:	48–43:	42–37:	36–31:	30–0:
Super!	Sehr gut!	Gut.	Es geht.	Noch nicht so gut.	Ich übe noch.

Grammatik

1 Schreiben Sie Fragen.

.... / 5 Punkte

a heißt – wie – du *Wie heißt du* .... ?

b aus der Ukraine – du – kommst .... ?

c du – wohnst – in Dortmund .... ?

d deine Telefonnummer – wie – ist .... ?

e verheiratet – bist – du .... ?

f wo – du – bist – geboren .... ?

2 Ergänzen Sie „*möchte*“ in der richtigen Form.

.... / 6 Punkte

a ◆ Was *möchtest* du?
- ○ Ich weiß nicht.
- ◆ Ich .... Gemüse und Reis.
- ○ Gut! Ich auch.
- ▲ Guten Tag. Was .... Sie, bitte?
- ◆ Wir .... bitte Gemüse und Reis.
- ▲ Ja, sehr gern.

b ◆ Was .... ihr?
- ○ SCHO-KO-LA-DE! SCHO-KO-LADE!
- ▲ Hörst du, Lisa? Michael .... Schokolade.
- ◆ Jaja, die Kinder .... immer Schokolade.

3 Ergänzen Sie: *ein – eine – kein – keine.*

.... / 4 Punkte

a Zehn ist *eine* Zahl.

b Sofia ist .... Name für Frauen.

c Hamburg ist .... Stadt in Deutschland.

d Lara hat .... Tochter.

e Das ist .... Apfel. Das ist eine Orange.

GRAMMATIK .... / 15 Punkte

4 Wie heißen die Lebensmittel? Schreiben Sie. .... /3 (6 x 0,5) Punkte

A

Brot ....

B

....

C

....

D

....

E

....

F

....

G

....

LERNTIPP

Wörter sortieren

Üben Sie Wörter nach Kategorien.

Obst	Milchprodukte	Gemüse
Apfel	Käse	Kartoffel
Banane	Joghurt	Lauch
Orange	Sahne	Spinat

5 Ergänzen Sie in der richtigen Form.

.... / 6 Punkte

Wir haben noch zwei .... (Apfel), zwei .... (Banane) und auch zwei .... (Tomate). Wir haben aber keine Orangen (Orange). Wir brauchen .... (Ei) und .... (Kartoffel). Kaufen wir drei .... (Becher) Joghurt?

6 Ordnen Sie zu.

.... / 6 Punkte

Packung | Kilo | Flasche | Becher | Gramm | Dose

◆ Bitte schön?
○ Eine .... Tomaten, 200 .... Käse – Emmentaler bitte –, eine .... Apfelsaft, zwei .... Orangen und eine .... Kaffee, bitte. Und was kostet ein Joghurt?
▲ Ein .... Joghurt kostet 60 Cent, fünf kosten 2,50 Euro.

WORTSCHATZ .... / 15 Punkte

PAUSE

Rätsel: Wie heißt das Gemüse?

Gleiche Zahl = Gleicher Buchstabe! Schreiben Sie.

a B l u m e n k o h l
1 2 3 4 5 6 7 8 9 10

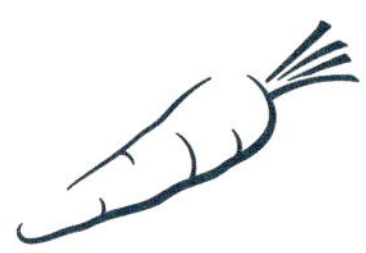

d K ... r ... t ... ...
7 12 13 8 14 14 5

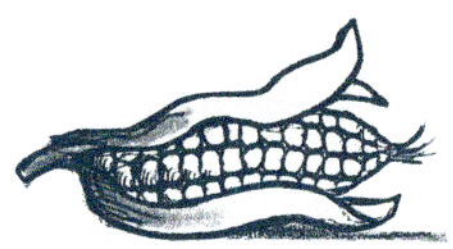

g ... ... i s
4 12 16 18

b ... ...
1 8 9 6 5

e Z ... ...
15 3 11 11 9 16 6 16

h ... ...
17 12 17 13 16 7 12

c ... a ... c ...
2 12 3 11 9

f P ... ...
17 16 2 15

7 Was passt? Lesen Sie und ordnen Sie zu.

...... / 4 Punkte

A

Sonnenhof
Riedweg 12

DIREKT VOM BAUERN!
frische Eier (Stück zu 0,55 Euro)
Kartoffeln (1,70 Euro das Kilo)
Gemüse nach Saison
Fleisch aus eigener Schlachtung

B

Mein Rezept
für Schokoladenkuchen

- 200 g Butter
- 200 g Schokolade, mindestens 70 % Kakao
- 4 Eier
- 200 g Mehl
- 200 g Zucker
- Vanille
- Salz

C

SONDERANGEBOT

König-Bier	0,69 Euro /Flasche
Wolfi Apfelsaft	1,29 Euro /Flasche
Weine aus Italien	2,99 Euro /Flasche

Supermarkt Ortler
Hauptstraße 1

D

Hallo Hanna, wir haben keine Eier. Kaufst du bitte 10? Ich möchte Schokoladenkuchen machen. Danke! Mama

E

BÄCKEREI PFENNIG

Unser Sonderangebot!
Brot, Brötchen, Kuchen ab 17 Uhr
nur 50 %!

a Wer kennt ein Rezept für Schokoladenkuchen? (B)
b Wo kaufen Sie Wein? ○
c Wer braucht Eier? ○
d Wer hat Eier? ○
e Wo kaufen Sie Kuchen? ○

LESEN ...... / 4 Punkte

10–12

8 Was kaufen die Leute? Hören Sie und notieren Sie.

...... / 3 Punkte

a ....
b ....
c ....

10–12

9 Hören Sie noch einmal und ergänzen Sie: Was kosten die Produkte?

...... / 3 Punkte

a .... €
b .... €
c .... €

HÖREN ...... / 6 Punkte

Sprechen und Schreiben

10 Ordnen Sie zu. ...... /3 Punkte

Ja, natürlich. | Ja, bitte. | ~~Nein, danke.~~ | Nein, danke.

a ◆ Kann ich Ihnen helfen? ○ .... Wo finde ich Milch?

b ◆ Sonst noch etwas? ○ Nein, danke. Das ist alles.

c ◆ Was ist das? Sind das Kartoffeln? ○ ....

d ◆ Möchtest du Milch? ○ .... Keine Milch!

11 Schreiben Sie ein Gespräch. ...... /9 Punkte

~~Bitte schön?~~ | Nein, danke. Das ist alles. | Ja, gern. Sonst noch etwas? | Ja. Wie viel möchten Sie denn? | Ja, bitte. Haben Sie Orangen? | Das macht dann 5 Euro 97. | Ich weiß nicht. Was kostet ein Kilo? | ~~Ich möchte bitte ein Kilo Tomaten.~~ | Gut. Dann zwei Kilo, bitte. | 1 Euro 99. | Sonst noch etwas?

◆ Bitte schön?

○ Ich möchte bitte ein Kilo Tomaten.

◆ ....

○ ....

◆ ....

○ ....

◆ ....

○ ....

◆ ....

○ ....

◆ ....

12 Verbinden Sie. ...... /3 Punkte

a Möchtest du Sahne? — Joghurt.

b Wie heißt das auf Deutsch? — Das ist doch kein Joghurt, das ist Sahne.

c Was ist das? — Nein, danke.

d Ist das Joghurt? — Das ist Sahne.

SPRECHEN ...... /15 Punkte

13 13 Ein Diktat. Hören Sie und schreiben Sie. ...... /5 Punkte

a Zehn und sieben sind Zahlen .

b .... ?

c ....

d ....

e ....

f .... ?

SCHREIBEN ...... /5 Punkte

MEINE PUNKTE ...... /60 Punkte

☺ 60–55:	☺ 54–49:	☺ 48–43:	😐 42–37:	☹ 36–31:	☹ 30–0:
Super!	Sehr gut!	Gut.	Es geht.	Noch nicht so gut.	Ich übe noch.

Grammatik und Wortschatz 4

1 Ergänzen Sie: *ein – eine – der – das – die.*

.... / 6 Punkte

a Niko hat eine Wohnung in München. Die Wohnung ist in der Rosenheimer Straße.
b Dort ist .... Küche. .... Küche ist alt und klein.
c Niko hat nur .... Zimmer. .... Zimmer ist auch klein.
d Im Süden ist .... Balkon. .... Balkon ist sehr schön.

2 Ergänzen Sie: *er – es – sie.*

.... / 5 Punkte

a ◆ Hier haben wir die Sofas. Wie gefällt Ihnen das Sofa hier?
○ Nicht so gut. .... ist sehr klein!

b ○ Haben Sie auch Lampen?
◆ Ja. Hier ist eine Lampe. .... kostet nur 170 Euro.
○ Was??? So teuer?

c ◆ Hier haben wir die Regale. Gefallen .... Ihnen?
○ Ja, ganz gut. Und was kosten die Regale?

d ○ Ich brauche ein Bett. Was kostet das Bett hier?
◆ Ein Sonderangebot: .... kostet nur 60 Euro.

e ◆ Und wie gefällt Ihnen der Schrank?
○ Nicht so gut. .... ist nicht modern.

3 Was ist richtig? Kreuzen Sie an.

.... / 4 Punkte

a	Das ist	☒ nicht	○ keine	meine Wohnung.
b	Meine Wohnung ist	○ nicht	○ kein	billig.
c	Das sind	○ nicht	○ keine	Sofas! Das sind Betten.
d	Der Stuhl gefällt mir	○ nicht.	○ kein.	
e	Ich habe	○ nicht	○ keine	Küche.

GRAMMATIK .... / 15 Punkte

4 Ergänzen Sie.

.... / 4 (8 x 0,5) Punkte

In Ibrahims Zimmer sind viele Möbel – und viele Farben. Da ist ein Sofa. Es ist schwarz (a). Die zwei Sessel sind .... (b). Der Schreibtisch ist .... (c). Der Stuhl ist .... (d). Ibrahim hat zwei Regale. Sie sind .... (e). Der Schrank ist .... (f). In Ibrahims Zimmer sind auch eine Lampe und ein Teppich. Der Teppich ist .... (g). Die Lampe ist .... (h). Das Bett ist .... (i).

5 Wie heißen die Räume? Ergänzen Sie.

.... /3 (6 x 0,5) Punkte

a ....

b ....

d *die Toilette*

f ....

g *der Balkon*

c ....

e ....

h ....

6 Ergänzen Sie.

.... /5 Punkte

a ◆ Ich habe drei Brüder und drei Schwestern.
○ Oh! Deine Familie ist aber groß.
◆ Was? Meine Familie ist doch nicht groß. Sie ist *klein*.

b ◆ Schau mal! Die Badewanne dort ist schön.
○ Schön? Sie ist nicht schön, sie ist ....

c ◆ Aha! Du hast jetzt eine Waschmaschine. Ist sie neu?
○ Nein, sie ist .... Schon acht Jahre.

d ◆ Mein Bett ist 1 Meter 20 breit.
○ Toll. Das ist sehr breit.
◆ Das ist doch nicht breit. Mein Bett ist ....!

e ◆ Die Äpfel kosten 3,49 Euro das Kilo. Sie sind nicht billig, sie sind ....

f ○ Die Wohnung gefällt mir. Sie ist sehr hell.
◆ Das Wohnzimmer ist hell, aber die Küche ist ....

WORTSCHATZ .... /12 Punkte

LERNTIPP

Gegensätze und gleiche Wörter

Üben Sie Wörter mit ihrem Gegenteil:

hell ↔ dunkel
schön ↔ hässlich
ja ↔ nein

Oder üben Sie Wörter und Ausdrücke mit gleicher Bedeutung (= Synonyme):

Ja, genau. = Stimmt. = Ja, richtig.
Die Stühle gefallen mir. = Die Stühle sind schön.

7 Was passt? Lesen Sie und kreuzen Sie an.

.... /10 Punkte

WELCHER WOHNTYP SIND SIE?

DER LUXUS-TYP

Sie brauchen Luxus! Ihre Wohnung ist groß und hell, die Möbel sind teuer: Breite Sofas, große Tische und moderne Geräte gefallen Ihnen.

DER PRAKTISCHE TYP

Ihre Wohnung ist praktisch und funktional. Sie brauchen keine große Wohnung und haben nicht viele Möbel. Die Möbel sind klassisch in den Farben Braun, Blau oder Grau.

DER MODERNE TYP

Modernes Wohnen: Das heißt helle, große Zimmer in Weiß und originelle, futuristische Möbel: Schwarz, Grau und Weiß sind Ihre Farben! Sie haben auch top-moderne, neue Geräte.

DER ROMANTIKER

Die Wohnung ist klein. Sie ist nicht sehr modern, aber sehr voll: Sie haben viele alte Möbel und viel Dekoration. Das Zentrum in Ihrer Wohnung: ein breites, großes Sofa.

DER KLASSISCHE TYP

Die Wohnung ist praktisch und elegant. Die Möbel sind nicht sehr modern, aber auch nicht zu alt. Sie sind schön, aber nicht speziell – klassisch eben. Naturfarben (Rot, Braun, Grün) gefallen Ihnen.

	der Luxus-Typ	*der praktische Typ*	*der moderne Typ*	*der Romantiker*	*der klassische Typ*
a Die Wohnung ist hell.	☒	○	☒	○	○
b Das Sofa ist breit.	○	○	○	○	○
c Die Möbel sind klassisch.	○	○	○	○	○
d Die Farbe Grau gefällt ihm.	○	○	○	○	○
e Die Geräte sind modern.	○	○	○	○	○
f Die Wohnung ist nicht groß.	○	○	○	○	○

LESEN .... /10 Punkte

PAUSE

14 Welche Zahlen hören Sie? Markieren Sie die Zahlen und finden Sie das Lösungswort.

A	Z	M	G	H	U	L	K	P	E	F	S	N	W	O
187	943	98	35	76	178	934	53	262	67	89	226	27	373	72

Lösung: ....

Hören und Sprechen

15 **8 Was ist richtig? Hören Sie und kreuzen Sie an.** .... / 4 Punkte

	richtig
a Tanjas Adresse ist Blumenstraße 18.	○
b Die Wohnung gefällt Tanja.	○
c Die Wohnung ist mit Balkon.	○
d Die Wohnung ist teuer.	○

16–19 **9 Lesen Sie, hören Sie und ordnen Sie zu.** .... / 4 Punkte

A Suche Kühlschrank, bis maximal 150 Euro. *Tel. 01 75/2 10 20 32*

B **Kühlschrank** zu verkaufen! Wie neu! *Tel. 99 88 71*

C **SONDERANGEBOT**, Kühlschränke, neu, Marke *Bosch*, Preis: ab 369,– Euro *Elektro-Müller*, Bahnhofstraße 10, 70372 Stuttgart, *Telefon: 0711/12300-0*

D ***Umzug!*** Ich verkaufe meine Küche mit Elektrogeräten (Herd, Kühlschrank) 2000,– Euro. *Tel. 12 14 18*

Gespräch	1	2	3	4
Anzeige				

HÖREN .... / 8 Punkte

10 Ordnen Sie zu. .... / 3 (6 x 0,5) Punkte

Ja, richtig | nicht | ~~Sag mal~~ | Schau mal | Welche Farbe | Wie groß | Ganz gut

◆ Sag mal, Moritz, du verkaufst doch ein Bett.
○ ....
◆ .... ist es denn?
○ Es ist zwei Meter lang und 90 Zentimeter breit.
◆ .... hat das Bett?
○ Es ist weiß. ...., hier ist ein Foto.
Wie gefällt dir das Bett?
◆ ....
Es kostet 30 Euro, ...?
○ Stimmt.
◆ Gut. Ich kaufe das Bett.

11 Fragen und Antworten. Verbinden Sie.

...... /3 (6 x 0,5) Punkte

a Wo ist die Küche?	12 m^2.
b Gefällt Ihnen die Küche?	Ja. Dort.
c Wie ist die Küche?	Ungefähr drei Jahre alt.
d Ist hier auch eine Küche?	Dort.
e Wie gefällt Ihnen die Küche?	Sehr gut.
f Wie alt ist die Küche?	Neu.
g Wie groß ist die Küche?	Ja. Sehr gut.

SPRECHEN ...... /6 Punkte

12 Was passt? Ordnen Sie zu und schreiben Sie eine Anzeige.

...... /5 Punkte

Tiefgarage | für Familie mit Kindern | o. Balk. | Suche | 800 Euro + Nebenkosten/Kaution | m. Balk. | Biete von Privat | bis 800 Euro warm | an Student | 4 Zimmer, Küche, Bad | 4-Zi.-Wohnung, große Küche | Garage

Ihr Freund sucht eine Wohnung.
Der Freund ist verheiratet und hat zwei Kinder.
Er braucht vier Zimmer und eine große Küche.
Er möchte eine Wohnung mit Balkon.
Er möchte maximal 800 Euro bezahlen.
Er hat kein Auto.

....
....
....
....
....
Tel. 0160 / 98 22 82 21

13 Ihr Freund schreibt Ihnen eine Nachricht. Schreiben Sie.

...... /4 Punkte

vier Zimmer | 90 m^2 groß | ~~Küche leider klein~~ | Wohnzimmer groß und hell | nur 700 Euro warm

Hallo,
wir haben eine neue Wohnung! Sie ....,
und .... Die Küche ist leider
klein. Aber ....
.... Und sie ....
Ist das nicht super?
Viele Grüße

SCHREIBEN ...... /9 Punkte

MEINE PUNKTE					...... /60 Punkte
☺ 60–55:	☺ 54–49:	☺ 48–43:	😐 42–37:	☹ 36–31:	☹ 30–0:
Super!	Sehr gut!	Gut.	Es geht.	Noch nicht so gut.	Ich übe noch.

Grammatik

1 Schreiben Sie Sätze.
_____ /5 Punkte

a Herr Bayram – sehr früh aufstehen
Herr Bayram steht sehr früh auf.

b Lili – das Kinderzimmer – aufräumen
_____.

c einkaufen – du – heute
_____?

d die Kurse – anfangen – um halb neun
_____?

e Herr und Frau Kaiser – fernsehen – nicht gern
_____.

f meine Mutter – anrufen – ich
_____.

2 Ergänzen Sie in der richtigen Form.
_____ /6 Punkte

a ◆ Was isst (essen) du denn?
○ Das ist eine Pizza Capricciosa.

b ◆ Papa, _____ (arbeiten) du noch lange? Heute ist Sonntag!
○ Ich komme gleich. Dann spielen wir Fußball, ja?

c ◆ Was macht Martin?
○ Er _____. (fernsehen)
◆ Was? _____ heute nicht der Englischkurs _____ (anfangen)?

d ◆ Ihr _____ (arbeiten) nicht. Ihr trinkt nur Kaffee und _____ (essen) Kuchen. Das geht nicht!
○ Aber wir haben jetzt Pause.

e ◆ Wann steht deine Tochter am Wochenende auf?
○ Oh, sehr spät. Sie _____ (schlafen) bis Mittag.

3 Ergänzen Sie: *am – um*.
_____ /4 Punkte

a ◆ Ich mache _____ Samstag eine Party. Kommst du?
○ Ja, gern. Wann denn?
◆ _____ acht.

b ◆ Guten Tag. Ich komme zum Deutschkurs. Der ist doch hier, oder?
○ Ja. Aber der Kurs fängt erst _____ neun Uhr an.

c ◆ _____ Nachmittag spiele ich Fußball. Von Montag bis Sonntag!
○ Jeden Nachmittag? Gehst du nicht ins Kino oder hörst Musik?

4 Amrans Tag. Schreiben Sie die Sätze neu. .... /5 Punkte

a Amran steht um Viertel nach sieben auf. Um Viertel nach sieben steht Amran auf.
b Er geht von Montag bis Freitag zum Deutschkurs. ....
c Er geht am Nachmittag spazieren. ....
d Er macht am Abend Hausaufgaben. ....
e Er geht um elf Uhr ins Bett. ....
f Er ruft jeden Sonntag seine Eltern an. ....

GRAMMATIK .... /20 Punkte

5 Ordnen Sie zu. .... /3 (6 x 0,5) Punkte

kochen | spielen | arbeiten | abholen | spazieren gehen | Musik hören

A

....

B

....

C

....

D

....

E

....

F

....

6 Was passt nicht? Streichen Sie. .... /4 Punkte

a ~~Arbeit~~ – Party – Fußball – Kino
b Morgen – Vormittag – Mittwoch – Abend
c Montag – Woche – Donnerstag – Samstag
d frühstücken – essen – trinken – enden
e geöffnet – geschlossen – schlafen – öffnen

WORTSCHATZ .... /7 Punkte

LERNTIPP

Wörter finden

Sie lesen in einem Text „er isst“. Sie kennen das Wort nicht und suchen im Wörterbuch.

> **es|sen** [ˈɛsn̩], isst, aß, gegessen: **1.** ⟨tr.; hat⟩ *als Nahrung aufnehmen:* einen Apfel essen; sie isst kein Fleisch; was gibt es heute zu essen? **2.** ⟨itr.; hat⟩ *[feste] Nah-*

1 Suchen Sie die Form mit „-en“ am Ende: „isst“ → „issen“
2 Sie finden „issen“ im Wörterbuch nicht? Probieren Sie „e“: „~~issen~~“ → „essen“
Auch so: „du siehst“ → sieh+en = „~~siehen~~“ → e? → „sehen“
3 Üben Sie: du isst, er sieht ...

Lesen

7 Lesen Sie Pauls Kalender und kreuzen Sie an.

.... /4 Punkte

Daniel möchte Fußball spielen. Wann hat Paul Zeit?

		Ja
a	Hast du am Montag um 14 Uhr Zeit?	☒
b	Hast du am Dienstag am Abend Zeit?	○
c	Hast du am Freitag von drei bis fünf Uhr Zeit?	○
d	Hast du am Samstag um drei Zeit?	○
e	Und am Sonntag? Hast du am Vormittag Zeit?	○

Wann:	Das mache ich:
Montag	16.00 einkaufen mit Mama, 20.15 fernsehen: James Bond
Dienstag	17.00 - 18.30 Englischkurs, 19.00 Kino mit Sandra
Mittwoch	19.00 Jakob anrufen!
Donnerstag	17.00 - 18.30 Englischkurs
Freitag	12.30 - 14.30 Pizza essen mit Stefan, 20.00 Party bei Klaus
Samstag	(Vormittag) Wohnung aufräumen, 13.00 Sandra kommt! (bis 19.00 Uhr)
Sonntag	12.00 Mittagessen mit Oma

8 Was ist richtig? Lesen Sie und kreuzen Sie an.

.... /6 Punkte

A

E-Mail senden

Hallo Frau Peters,
ich habe ein paar Bitten: Herr Berger von Immotec kommt am Mittwoch um 11 Uhr. Wir gehen zusammen essen. Bitte reservieren Sie einen Tisch im Restaurant Mykonos. Und rufen Sie Frau Seifert an. Am Freitag gehen meine Frau und ich ins Kino. Bitte kaufen Sie Kinokarten für den Film „Agnes". Wann gehen Sie heute nach Hause? Um 17 Uhr? Mein Sohn hat bis 17.30 Uhr Fußballtraining. Holen Sie ihn bitte ab? Ich habe keine Zeit. Vielen Dank!
Ralf Lehrmann

B

E-Mail senden

Hallo Herr Lehrmann,
Herr Berger kommt nicht um 11 Uhr, er kommt schon um 10 Uhr. Gehen Sie am Mittag trotzdem essen? Frau Seifert ist erst heute Nachmittag zu Hause. Ich rufe dann an. Ich gehe heute um 16 Uhr. Natürlich kaufe ich die Kinokarten. Das mache ich gern. Aber ich habe um 17.30 Uhr Englischkurs. Ich kann Tobias nicht abholen.
Tut mir leid.
Viele Grüße
Christa Peters

a Herr Berger kommt um ○ zehn Uhr. ○ elf Uhr.
b Frau Seifert ist ○ heute nicht ○ am Nachmittag zu Hause.
c Frau Peters geht heute um ○ fünf Uhr. ○ vier Uhr.
d Sie kauft ○ Kinokarten ○ keine Kinokarten für Herrn Lehrmann.
e Sie hat um ○ halb fünf ○ halb sechs Englischkurs.
f Sie holt Herrn Bergers Sohn ○ ab. ○ nicht ab.

LESEN .... /10 Punkte

9 Was ist richtig? Hören Sie und kreuzen Sie an.

20–23 .... /4 Punkte

a Wann ist das Konsulat nur am Vormittag geöffnet?
○ Von Montag bis Mittwoch. ○ Am Donnerstag. ○ Am Freitag.

b Wann ist der Fahrradverleih „Müritz" geöffnet?
○ Am Sonntag. ○ Jeden Tag. ○ Von Montag bis Samstag.

c Heute ist Donnerstag. Wann rufen Sie morgen in der Sprachschule an?
○ Am Vormittag. ○ Am Abend. ○ Am Vormittag oder am Nachmittag.

d Wann ist das Finanzamt am Donnerstag geöffnet?
○ Von 8 bis 13 Uhr. ○ Von 8 bis 13 Uhr und von 14 bis 17 Uhr. ○ Von 14 bis 17 Uhr.

10 Anne oder Rolf? Hören Sie und ergänzen Sie.

24 .... /4 Punkte

a Anne .... ist nur heute in Berlin.
b .... hat heute nur am Abend Zeit.
c .... möchten zusammen essen.
d .... kennt ein kleines Restaurant.
e .... kommt um 18 Uhr.

HÖREN .... /8 Punkte

PAUSE

Sehen Sie die Bilder an und ordnen Sie zu.

A

B

○ Hans ist ein Sonntagskind. (= Eine Person hat viel Glück.)
○ Es ist nicht alle Tage Sonntag. (= Nicht jeder Tag ist schön.)

„Es ist nicht alle Tage Sonntag." und „ein Sonntagskind sein" sind Sätze mit idiomatischer Bedeutung: Man sagt etwas mit einem Bild.

Sprechen und Schreiben

11 Was sagt man nicht? Kreuzen Sie an.

.... /5 Punkte

a 18:20
- ○ zwanzig nach sechs
- ○ achtzehn Uhr zwanzig
- ☒ zwanzig nach achtzehn

b 10:40
- ○ vierzig nach zehn
- ○ zwanzig vor elf
- ○ zehn nach halb elf

c 11:30
- ○ halb zwölf
- ○ elf Uhr dreißig
- ○ halb nach elf

d 07:05
- ○ fünf nach sieben Uhr
- ○ sieben Uhr fünf
- ○ fünf nach sieben

e 20:45
- ○ viertel vor neun
- ○ fünfzehn vor neun
- ○ zwanzig Uhr fünfundvierzig

f 12:56
- ○ vier vor eins
- ○ vier vor eins Uhr
- ○ kurz vor eins

25 12 Hören Sie die Fragen und antworten Sie.

.... /4 Punkte

a ☺ gern kochen
b ☺ gern einkaufen
c ☹ nicht gern aufräumen
d ☺ gern arbeiten und gern früh aufstehen
e ☹ nicht gern spielen

SPRECHEN .... /9 Punkte

13 Schreiben Sie die Nachrichten.

.... /6 Punkte

am Samstag – Zeit haben?
wir – einkaufen gehen?
ich – am Nachmittag – Zeit haben –
am Vormittag – Deutschkurs haben

Hallo Sabrina,

....

....

....

....

....

Emilia

am Samstag – keine Zeit
meine Schwester – kommen

Hallo Emilia,

....

....

....

....

Sabrina

SCHREIBEN .... /6 Punkte

MEINE PUNKTE .... /60 Punkte

☺ 60–55:	☺ 54–49:	☺ 48–43:	😐 42–37:	☹ 36–31:	☹ 30–0:
Super!	Sehr gut!	Gut.	Es geht.	Noch nicht so gut.	Ich übe noch.

Grammatik

6

1 Was ist richtig? Kreuzen Sie an.

...... /3 (6 x 0,5) Punkte

a Wie heißt ☒ der ○ den Mann?
b Wer macht ○ ein ○ einen Kuchen?
c Wir brauchen ○ ein ○ einen Tisch.
d Wir haben ○ kein ○ keinen Kaffee mehr.
e ○ Der ○ Den Wein kommt aus Spanien.
f Wo ist bitte ○ der ○ den Käse?
g Nein, danke. Ich möchte ○ kein ○ keinen Saft mehr.

2 Ergänzen Sie.

...... /7 Punkte

A

Hallo Martin,
ich komme heute erst spät. Bringst Du bitte die Kinder ins Bett? Und gehst Du einkaufen?
Wir haben .... Äpfel mehr und auch .... Brot.
Danke!
Beate

B

Hallo Bine,
schau mal ins Wohnzimmer! Was siehst Du da?
Na, wie gefallen Dir .... Stühle?
Und .... Tisch? Jetzt brauchen wir nur noch .... Lampe.
Thorsten

C

E-Mail senden

Liebe Tanja,
meine Küche ist fertig. Ich habe jetzt .... super Herd! Ganz neu! Komm doch am Samstag.
Ich mache .... Kuchen und wir trinken Tee zusammen.
Lena

3 Ergänzen Sie.

...... /5 Punkte

a Am Samstag kauft Bastian ein. Fleisch oder Fisch?
Oft .... (nehmen) er Fisch.
b Bastian macht gern Sport: Er .... (fahren) Fahrrad und schwimmt viel.
c Am Samstagabend .... (treffen) er Freunde.
d Am Sonntag schläft (schlafen) er lange.
Dann .... (lesen) er oder .... (fernsehen).

GRAMMATIK ...... /15 Punkte

Wortschatz

4 Bilden Sie Wörter und ordnen Sie zu.

.... /3 (6 x 0,5) Punkte

~~bur~~ ~~ger~~ ~~Ham~~ ke ken lat mes Pom Re gen ne Sa Schin Son Wol

a Essen: Hamburger, ...

b Wetter: ....

5 Ergänzen Sie: *Lieblings-*

.... /3 (6 x 0,5) Punkte

Buch Farbe ~~Film~~ Essen Getränk Stadt Musik

a Mein Lieblingsfilm ist „Star Wars".
b Mein .... ist Kuchen.
c Mein .... ist Cola.
d Meine .... ist Berlin.
e Mein .... ist „das andere Kind".
Das ist ein Krimi.
f Meine .... ist Grün.
g Meine .... ist Pop.

6 Was passt nicht? Streichen Sie.

.... /4 Punkte

a Fotos ~~lesen~~ – machen – ansehen
b Freunde haben – grillen – treffen
c E-Mails schreiben – lesen – machen
d Krimis lesen – treffen – schreiben
e Musik hören – machen – sehen

LERNTIPP

Nomen und Verben
Üben Sie der/das/die-Wörter (= Nomen) zusammen mit Aktivitäten (= Verben):
die E-Mail – E-Mails schreiben, lesen, bekommen ...
das Buch – ein Buch lesen, kaufen ...

Oder finden Sie zu den Verben passende Nomen.
hören – Musik hören, ein Lied hören ...

WORTSCHATZ .... /10 Punkte

7 Was machen die Personen am Wochenende? Kreuzen Sie an.

...... / 4 Punkte

Anas_1996: Arbeiten, arbeiten, arbeiten – die ganze Woche nur Arbeit. Aber heute beginnt das Wochenende! Das Wetter ist gut und ich gehe schwimmen. Was macht ihr?

LinusF.: Schwimmen – du hast es gut! Ich arbeite am Samstag und am Sonntag. Ich bin Koch.

Katja: Du bist Koch? Kochen ist toll. Ich koche sehr gern. Am Samstag grillen wir. Das heißt: Mein Freund grillt das Fleisch und ich mache Kartoffelsalat. Ihr seid alle herzlich willkommen! Wer macht einen Kuchen?

Murat: Hm, lecker! Kartoffelsalat mache ich auch oft. Wochenende – das bedeutet für mich: schlafen, schlafen, schlafen.

Wanderfreundin: Nur schlafen? Wie langweilig! Am Samstag scheint die Sonne – also raus in die Natur: spazieren gehen, wandern, Fahrrad fahren. Das macht Spaß. Ich gehe wandern!

a	Anas_1996	○ arbeitet.	☒ schwimmt.
b	LinusF.	○ arbeitet.	○ schwimmt.
c	Katja	○ grillt.	○ macht einen Kuchen.
d	Murat	○ macht einen Kartoffelsalat.	○ schläft.
e	Wanderfreundin geht	○ spazieren.	○ wandern.

LESEN ...... / 4 Punkte

26–28

8 Ninas Freunde rufen an. Hören Sie und kreuzen Sie an.

...... / 6 Punkte

		richtig	*falsch*
a	Jan kommt zur Party.	○	○
	Er kauft am Samstag Wein.	○	○
b	Marie fährt am Samstag zu ihren Eltern.	○	○
	Sie kommt nicht.	○	○
c	Eva und Jörg bringen Stühle.	○	○
	Jörg macht einen Salat.	○	○

HÖREN ...... / 6 Punkte

Sprechen

9 Wie ist das Wetter?

.... /4 Punkte

a Antworten Sie.

1

2

3

4

29 b Hören Sie, antworten Sie noch einmal und vergleichen Sie.

10 Wie antworten Sie? Kreuzen Sie an.

.... /3 (6 x 0,5) Punkte

a Kommst du am Samstag zu Annes Party?
- ○ Na klar.
- ○ Ich finde Partys gut.

b Oh, wie dumm! Ich habe keinen Kaffee mehr.
- ○ Kein Problem. Ich trinke gern einen Tee.
- ○ Na gut. Ich trinke einen Kaffee.

c Fährst du oft Fahrrad?
- ○ Nicht so gut.
- ○ Ja, sehr oft. Das macht Spaß.

d Liest du gern Krimis?
- ○ Ja, ich finde Krimis interessant.
- ○ Mein Lieblingskrimi ist „Die Firma".

e Kaufen wir Salat und Obst für das Picknick?
- ○ Doch!
- ○ Na gut.

f Heute machen wir Wiener Würstchen und Kartoffelsalat, ja?
- ○ Ich nehme auch zwei Würstchen.
- ○ Gern. Moment mal ... wir haben keine Kartoffeln mehr.

11 Ergänzen Sie: *Ja-Nein-Doch.*

.... /6 Punkte

◆ Guck mal, ich habe einen Apfel und eine Banane dabei.
○ Sag mal, hast du für mich auch Obst dabei?
◆ ...., tut mir leid, ich habe nur einen Apfel und eine Banane. Hast du denn kein Essen dabei?
○ .... Ich habe Schokolade und Kuchen.
◆ Nur Schokolade und Kuchen? Kein Brot, keine Tomaten, kein Ei?
○ ...., das habe ich nicht dabei. Hast du denn Brot dabei?
◆ ...., natürlich. Das hier ist ein Picknick. Verstehst du: ein PICKNICK?!

○ Gut, gut, und du hast natürlich auch Getränke dabei, oder?
◆ Oh! ...., die Getränke habe ich vergessen. Hast du auch keine Getränke dabei?
○ ....! Ich habe Cola dabei, aber nur eine Flasche. Die trinke ich!

SPRECHEN .... /13 Punkte

PAUSE

30 **Hören Sie das Lied und ergänzen Sie.**

Es war eine Mutter,
die hatte vier Kinder:
den Frühling, den Sommer,
den Herbst und den Winter.

Der Frühling bringt Blumen,
der Sommer den Klee,
der Herbst bringt die Trauben,
der Winter den Schnee.

....
der S ....
....
....

12 Ordnen Sie die E-Mail.

...... /7 Punkte

- ◯ Wir sind eine Woche hier
- (1) Hallo Sven,
- ◯ wir schreiben heute aus Österreich.
- ◯ Auch das Wetter ist gut.
- ◯ und sehen viel. Es ist alles sehr schön hier.
- ◯ Viele Grüße von Björn und Emmy
- ◯ Die Sonne scheint jeden Tag.
- ◯ Morgen fahren wir wieder nach Hause. Leider!

13 Schreiben Sie eine E-Mail.

...... /5 Punkte

aus Berlin schreiben | drei Tage hier | alles sehr schön | das Wetter leider nicht gut | ~~am Samstag~~ | nach Hause

E-Mail senden

Lieber Farhad,
ich schreibe ....
Ich ....
....
....
....
Am Samstag ....
....
....
Viele Grüße
Dario

SCHREIBEN ...... /12 Punkte

MEINE PUNKTE					...... /60 Punkte
60–55:	54–49:	48–43:	42–37:	36–31:	30–0:
Super!	Sehr gut!	Gut.	Es geht.	Noch nicht so gut.	Ich übe noch.

Grammatik

1 Ergänzen Sie in der richtigen Form: *können – wollen.* ______ /4 Punkte

a ◆ ______ du tanzen?
○ Nein, nicht so gut. Aber ich will im Sommer einen Tanzkurs machen.

b ◆ Antonia ist krank. Sie ______ heute nicht arbeiten.
○ Stimmt nicht! Ich habe sie in der Stadt getroffen.
Sie ______ nur nicht arbeiten.

c ◆ Stefan und ich ______ heute Abend ins Kino gehen.
Möchtest du mitkommen?

2 Was passt? Ordnen Sie zu. ______ /4 Punkte

A möchte
B möchten
C möchtest
D will
E wollen
F willst
G möchte *oder* will
H möchten *oder* wollen
I möchtest *oder* willst

a ◆ Guten Tag, was B Sie, bitte?
○ Zehn Brötchen und einen Apfelkuchen, bitte.

b ◆ Hallo, Thomas! Wie geht's? ______ wir zusammen ins Café gehen?
○ Oh, tut mir leid. Ich habe keine Zeit.

c ◆ Ich habe einen Sahnekuchen gekauft. ______ du ein Stück?
○ Oh ja, gern.

d ◆ Jonas, es ist schon neun Uhr. Du gehst jetzt bitte ins Bett. Sofort!
○ Ich ______ aber nicht ins Bett gehen!

e ◆ Ahmed ______ einen Deutschkurs machen.
○ Warum denn? Er spricht doch schon gut Deutsch.

3 Schreiben Sie. ______ /6 Punkte

a Lara – heute – nicht zum Deutschkurs – ist – gegangen – .
Lara ist heute nicht zum Deutschkurs gegangen.

b Laras Lehrerin – kannst – anrufen – du – ?
______

c mit Frau Baumann – ich – möchte – sprechen – bitte – .
______

d habt – heute – ihr – geschrieben – einen Test – ?
______

e machen – will – Lili – die Hausaufgaben – nicht – .
______

f was – du – willst – machen – am Nachmittag – ?
______

g wann – nach Hause – gekommen – bist – du – ?
______

4 Ordnen Sie zu und schreiben Sie in der richtigen Form.

.... /6 Punkte

~~arbeiten~~ ~~essen~~ fahren kochen spielen schreiben lesen lernen

ge ... -(e)t	ge ... -en
gearbeitet	gegessen

5 Was ist richtig? Kreuzen Sie an.

.... /5 Punkte

a Leo ○ hat ○ ist am Wochenende in die Schweiz gefahren.
b Dort ○ hat ○ ist er Freunde getroffen.
c Er ○ hat ○ ist eine Schweizer Spezialität gegessen: Rösti.
d Er ○ hat ○ ist am Zürichsee spazieren gegangen.
e Er ○ hat ○ ist auch ein paar Schweizer Wörter gelernt, zum Beispiel „Grüezi".

GRAMMATIK .... /25 Punkte

PAUSE

Lesen Sie den Comic. Was ist richtig? Kreuzen Sie an.

Karli kann ○ sehr gut Englisch sprechen.
○ sehr gut Französisch sprechen.
○ nicht gut Englisch und nicht gut Französisch sprechen.

Wortschatz und Lesen

6 Was passt nicht? Streichen Sie.

.... /8 Punkte

a Klavier – Tennis – ~~Spanisch~~ spielen
b Fahrrad – Tennis – Ski fahren
c Lieder wecken – hören – singen
d Frühstück – Kuchen – Pizza backen
e schwimmen – tanzen – schmecken gehen
f Bücher – Unterricht – Texte lesen
g Grammatik – Mathematik – Grundschule üben
h eine Klasse – einen Test – einen Brief schreiben
i pünktlich – nach Hause – krank kommen

WORTSCHATZ .... /8 Punkte

LERNTIPP

Wörter lernen mit Spaß

Üben Sie mit langen Wörtern: Was finden Sie zum Beispiel in „Kindergarten"?

Kindergarten: Kind, in, der, er, Garten, Art

Ordnen Sie die Buchstaben von „Kindergarten" neu und machen Sie neue Wörter:

Rind  , Grad, kein, dein

Üben Sie auch mit anderen langen Wörtern:
„Kinderzimmer", „Grundschule" ...

7 Lesen Sie und ergänzen Sie die Informationen.

.... /6 Punkte

Liebe Eltern der Klasse 4b,
am Samstag, den 5. 6., ist Schulparty! Das Fest ist wie immer in der Schule.
Die Party fängt um 10 Uhr an und endet um 18 Uhr. Ich möchte Sie dazu herzlich einladen.
Die Klassen machen ein buntes Programm. Die Klasse 4b singt Lieder und verkauft Kuchen.
Und wir brauchen Sie: Liebe Eltern, können Sie bitte Kuchen backen?
Vielen Dank.

Mit freundlichen Grüßen

Martina Hellwig

Klassenlehrerin 4b

Schulparty

Wann: ....

von .... bis ....

Wo: ....

Programm der Klasse 4b: ....

und ....

Eltern: ....

LESEN .... /6 Punkte

31–32 **8 Wer hat was gemacht?**
Hören Sie zwei Gespräche und kreuzen Sie an. .... /6 Punkte

	 1 Charlotte	 2 Hanna
a viel geschlafen	○	○
b oft tanzen gegangen	○	○
c Spanisch gelernt	○	○
d am Nachmittag ins Schwimmbad gegangen	○	○
e viele Freunde gefunden	○	○
f am Vormittag vier Stunden Sprachunterricht gehabt	○	○

HÖREN .... /6 Punkte

9 Ordnen Sie zu. .... /5 Punkte

Das machen wir | Gute Besserung | ~~Ich kann sehr gut~~ | ich will nicht | Ich gehe zum Arzt | Schade

a ◆ Kannst du nicht schwimmen?
○ Doch! Ich kann sehr gut schwimmen.
Aber .... schwimmen.
Das Wasser ist so kalt.

b ◆ Ich bin krank. Ich kann nicht zur Arbeit gehen.
○ Oh, das tut mir leid. ....

c ◆ Wollen wir am Samstag wandern gehen?
○ Ja, super! ....

d ◆ Wollen wir zusammen Englisch lernen?
○ Tut mir leid, ich habe keine Zeit.
◆ ....

e ◆ Was ist los?
○ Ich bin krank. ....

SPRECHEN .... /5 Punkte

Schreiben

10 Ergänzen Sie: *s – sch* .... /3 (6 x 0,5) Punkte

a die _S_ prach _sch_ ule
b das Früh .... tück
c .... reiben
d .... mecken
e .... pielen
f .... tricken
g .... ade

33 **11 Ein Diktat: *s* oder *sch*? Hören Sie und schreiben Sie.** .... /4 (2 x 2) Punkte

a _Sara geht_ ....

b .... _mit Niko_ ....

12 Schreiben Sie eine E-Mail an die Lehrerin. .... /3 Punkte

Tochter Kasia | heute nicht zum Unterricht kommen | krank sein

E-Mail senden

Liebe Frau Richter,
meine ...
....
....
Sie ...
....

Mit freundlichen Grüßen
Olga Obacz

SCHREIBEN .... /10 Punkte

MEINE PUNKTE					.... /60 Punkte
☺ 60–55:	☺ 54–49:	☺ 48–43:	😐 42–37:	☹ 36–31:	☹ 30–0:
Super!	Sehr gut!	Gut.	Es geht.	Noch nicht so gut.	Ich übe noch.

1 Verbinden Sie.

.... /3 Punkte

a Wann sind Sie nach Frankfurt gekommen?
b Wie lange leben Sie schon in Frankfurt?
c Seit wann arbeiten Sie als Mechaniker?
d Für wie lange sind Sie in Frankfurt?

Für drei Monate.
Vor drei Monaten.
Seit drei Monaten.
Drei Monate.

2 Was ist richtig? Kreuzen Sie an.

.... /5 Punkte

a Vor fünf Jahren – da ○ bin ☒ war ich noch Studentin.
b Im Sommer 2016 ○ sind ○ waren wir in der Türkei.
c Heute Morgen ○ haben ○ hatten wir um sieben Uhr schon 15 Grad.
d Ich ○ bin ○ war lange arbeitslos, aber jetzt ○ habe ○ hatte ich einen Job in einem Café.
e Unser Urlaub ○ ist ○ war super! Möchtest du Fotos sehen?

3 Ergänzen Sie in der richtigen Form: *sein – haben*.

.... /7 Punkte

a ◆ Drei Jahre hatte ich eine große Firma.
○ Da .... du sicher viel Stress, oder?
◆ Ja, stimmt. Ich .... immer im Büro.
Aber vor zwei Monaten habe ich die Firma verkauft.

b ◆ Mein Mann .... 25 Jahre Arbeiter.
Am Abend .... er immer sehr müde.
○ Und dann?
◆ Er .... Probleme mit dem Chef.
Jetzt arbeitet er nicht mehr.

c ◆ Du, am Wochenende habe ich Christiane getroffen.
○ Und? Was habt ihr gemacht?
◆ Wir .... in einem Restaurant und in einer Bar.
Wir .... einen schönen Abend zusammen.
○ Soso.

GRAMMATIK .... /15 Punkte

PAUSE

Ein Witz. Was antwortet der Mitarbeiter dem Chef? Lesen Sie und kreuzen Sie an.

Ein Mitarbeiter kommt erst um 11 Uhr zur Arbeit. Der Chef sagt zu ihm:
„Sie sind diese Woche schon viermal zu spät. Wissen Sie, was das bedeutet?"

a ○ „Es ist Mittwoch!"
b ○ „Es ist Donnerstag!"
c ○ „Es ist Freitag!"

Wortschatz

4 Ergänzen Sie Wörter mit *Arbeit-*. .... / 4 Punkte

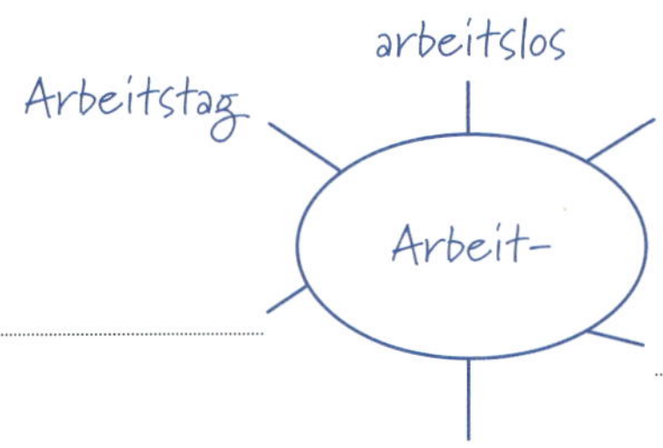

5 Verbinden Sie. .... / 7 Punkte

a Der Mechatroniker	hilft Patienten.
b Der Journalist	kocht und backt.
c Die Köchin	bringt eine Person zu einem Ort oder nach Hause.
d Die Hausfrau	macht Interviews.
e Die Krankenschwester	repariert Technik und Elektronik, z. B. in Autos.
f Die Studentin	bringt im Restaurant das Essen.
g Der Taxifahrer	arbeitet zu Hause: Sie kocht und räumt auf.
h Der Kellner	lernt an der Universität.

WORTSCHATZ .... / 11 Punkte

LERNTIPP

Wörter im Kopf! Ein Gedächtnistraining

1 Schreiben Sie zehn bis fünfzehn wichtige neue Wörter auf.

2 Lesen Sie die Wortliste 30 Sekunden.

3 Legen Sie die Liste weg und schreiben Sie aus dem Kopf die Wörter. Na? Wie viele Wörter wissen Sie?

6 Lesen Sie und kreuzen Sie an.

.... /6 Punkte

A Schlechter Verdienst für Frauen
Frauen in Europa verdienen für die gleiche Arbeit pro Stunde 16 Prozent weniger als Männer. In Deutschland bekommen die Frauen 20 Prozent weniger Geld als die Männer.
Aber immer mehr deutsche Frauen haben einen Job: Im Jahr 2000 hatten nur 53,6 Prozent der Frauen Arbeit. Heute sind es über 68 Prozent. Aber: Viele arbeiten nur Teilzeit.

B Lieblingsberufe von Kindern
Mädchen und Jungen in Deutschland sind noch immer traditionell: Mädchen finden soziale Berufe wie Krankenschwester, Lehrerin oder Ärztin gut. Aber die Nummer 1 ist ein Arbeitsplatz im Büro. Krankenpfleger ist kein Beruf für Jungen, nicht einmal 1 Prozent will diese Ausbildung machen. Sie möchten lieber Fußballspieler oder Ingenieur werden. Aber auch eine Ausbildung als Polizist finden viele interessant. Der absolute Lieblingsberuf von Jungen? Das ist der Kfz-Mechatroniker.

a Frauen bekommen (für ihre Arbeit) nicht so viel Geld wie Männer. ○ richtig ○ falsch

b Frauen in Deutschland
○ arbeiten immer Vollzeit.
○ haben oft einen Teilzeitjob.
○ sind arbeitslos.

c Soziale Berufe gefallen Mädchen gut. ○ richtig ○ falsch

d Mädchen möchten am liebsten:
○ Krankenschwester oder Ärztin werden.
○ Lehrerin werden.
○ im Büro arbeiten.

e Eine Ausbildung als Krankenpfleger finden Jungen interessant. ○ richtig ○ falsch

f Besonders gern möchten Jungen
○ Fußball spielen.
○ bei der Polizei arbeiten.
○ Kfz-Mechatroniker werden.

LESEN .... /6 Punkte

34–39

7 Hören Sie und kreuzen Sie an.

.... /6 Punkte

a Wann kann Herr Kara kommen?

○ Morgen um 11 Uhr.

○ Morgen Nachmittag.

○ Am Donnerstag um 14 Uhr.

b Was ist Frau Rosner von Beruf?

○ Sekretärin.

○ Diplom-Kauffrau.

○ Verkäufern.

c Wann ist Camilla nach Deutschland gekommen?

○ Vor zwei Wochen.

○ Vor zwei Monaten.

○ Vor zwei Jahren.

d Was möchte Hanna später sein?

○ Mechatronikerin.  ○ Chefin.  ○ Krankenschwester. 

e Was möchte Ralf lernen?

○ Deutsch. 

○ Auto fahren. 

○ Kochen. 

f Wie lange ist die Arbeitszeit pro Tag?

○ 12 Stunden.

○ 5 Stunden.

○ 3 Stunden.

HÖREN .... /6 Punkte

8 Schreiben Sie Fragen.

.... /5 Punkte

a .... Ich bin Lehrerin. Aber im Moment arbeite ich nicht.
b .... 1990 in Prag.
c .... Mein Diplom? Vor zehn Jahren.
d .... Ich lebe jetzt seit drei Jahren in Köln.
e *Wie lange lernen Sie schon Deutsch?* Seit vier Monaten lerne ich Deutsch.
f .... Seit sechs Monaten habe ich keine Arbeit mehr.

9 Ordnen Sie und schreiben Sie ein Telefongespräch.

.... /7 (14 x 0,5) Punkte

(1) ◆ Guten Tag. Mein Name ist Edyta Machowska. Sie suchen eine Aushilfe. Ist die Stelle noch frei?
◯ ○ Aha. Und warum möchten Sie als Aushilfe im Café arbeiten?
◯ ◆ Ich bin Krankenschwester.
◯ ○ Ja, die ist noch frei. Eine Frage: Was sind Sie denn von Beruf?
◯ ○ Stimmt. Von Montag bis Freitag.
◯ ◆ Ich habe jeden Tag Deutschkurs und kann nur am Abend arbeiten. Sie suchen doch eine Aushilfe für den Abend, oder?
◯ ◆ Ja, gut. Ich komme. Dann bis morgen.
◯ ◆ Und wie ist die Arbeitszeit?
◯ ◆ Und wie ist der Verdienst pro Stunde?
◯ ○ 12 Euro.
◯ ○ Drei Stunden pro Abend.
◯ ○ Ja, gern. Kommen Sie doch morgen um 11 Uhr mal vorbei. Wir sind in der Waldstraße 10.
◯ ○ Bis morgen. Auf Wiederhören.
◯ ◆ 12 Euro? Gut. Kann ich zu Ihnen kommen?

◇ *Guten Tag. Mein Name ist ...*

SPRECHEN .... /12 Punkte

10 Ordnen Sie die E-Mail.

...... / 5 Punkte

GESUCHT: Verkäufer(-innen) für Supermarkt in der Waldingerstraße, 4 Tage pro Woche, auch samstags
Bewerbungen an Herrn Bauer
(E-Mail: bauer@dinosupermarkt.de oder
per Telefon: 0 30 / 56 34 45)

E-Mail senden

Sehr geehrter Herr Bauer,
(6) Für weitere Informationen stehe ich Ihnen gern zur Verfügung.
◯ Ich komme aus der Türkei und lebe seit einem Jahr in Deutschland.
◯ ich habe Ihre Anzeige gelesen. Sie suchen eine Verkäuferin für den Dino-Supermarkt.
◯ Seit zwei Monaten bin ich leider arbeitslos. Ich möchte sehr gern wieder als Verkäuferin arbeiten.
◯ Zuerst habe ich sechs Monate einen Deutschkurs gemacht.
◯ Dann habe ich als Verkäuferin in einem Elektrogeschäft gearbeitet. Das hat viel Spaß gemacht.
Mit freundlichen Grüßen
Sibel Akman

11 Schreiben Sie eine Bewerbung an Herrn Bauer.

...... / 5 Punkte

Geben Sie diese Informationen:
- Ihr Heimatland ist ...
- Sie leben seit vier Monaten in Berlin.
- Sie machen im Moment jeden Vormittag einen Deutschkurs.
- Am Nachmittag und am Wochenende haben Sie Zeit.
- Sie haben schon im Supermarkt gearbeitet und möchten wieder als Verkäufer(-in) arbeiten.

Sehr geehrter Herr Bauer,
...

SCHREIBEN ...... / 10 Punkte

MEINE PUNKTE					...... / 60 Punkte
☺ 60–55:	☺ 54–49:	☺ 48–43:	😐 42–37:	☹ 36–31:	☹ 30–0:
Super!	*Sehr gut!*	*Gut.*	*Es geht.*	*Noch nicht so gut.*	*Ich übe noch.*

Grammatik

1 Was muss man tun? Schreiben Sie. …… /4 Punkte

a Man möchte einen Deutschkurs machen. — *Man muss zuerst ein Anmeldeformular ausfüllen.*
(zuerst – ein Anmeldeformular ausfüllen)

b Man kommt vom Einkauf zurück und das Auto ist nicht mehr da. — ……
(sofort – die Polizei anrufen)

c Man geht zum Arzt. — ……
……
(zuerst – im Wartezimmer warten)

d Man möchte später als Lehrer arbeiten. — ……
(an der Universität studieren)

e Man versteht ein Wort nicht. — ……
……
(um eine Erklärung bitten oder im Wörterbuch suchen)

2 Schreiben Sie Sätze. …… /6 (3 x 2) Punkte

a Sieh mal:
Jetzt dürfen wir nicht fahren.
(fahren)

b Sieh mal:
Hier ……
……
……
(Fußball spielen)

c Sieh mal:
……
……
……
(parken)

d Oje, sieh mal:
……
……
……
(Eis essen)

3 Ergänzen Sie in der richtigen Form: *nicht dürfen – nicht müssen.* …… /4 Punkte

a ◆ Mama, ich will nicht zu Oma fahren.
○ Du *musst nicht* mitfahren. Du kannst zu Hause bleiben.

b ◆ Sieh mal, die Katzen. Die essen ja Eis!
○ He, ihr da! Die Katzen …… auf dem Tisch sitzen!

c ◆ Huch! Wie spät ist es? Muss ich schon aufstehen?
○ Nein, du …… aufstehen. Heute ist doch Sonntag.

d ◆ Papa, ich gehe jetzt Fußball spielen. Tschüs!
○ Moment! Hast du die Hausaufgaben gemacht? Nein?
Dann …… du …… Fußball spielen.

e ◆ Entschuldigen Sie, aber hier …… Sie …… rauchen!

4 Ergänzen Sie in der richtigen Form. Schreiben Sie auf ein Blatt Papier.

...... /6 Punkte

zuhören geben ausmachen sprechen wiederholen schlafen

	Typ „kommen"	Typ „helfen"	Typ „aufstehen"
du	Komm!	Hilf!	Steh auf!
ihr	Kommt!	Helft!	Steht auf!
Sie	Kommen Sie!	Helfen Sie!	Stehen Sie auf!

GRAMMATIK ...... /20 Punkte

5 Was passt nicht? Streichen Sie.

...... /3 Punkte

a einen Antrag unterschreiben – ~~anmelden~~ – abgeben
b einen Ausweis beantragen – mitbringen – ausmachen
c eine Auskunft brauchen – geben – buchstabieren
d ein Wort erklären – helfen – verstehen

6 Ergänzen Sie.

...... /5 Punkte

◆ Guten Tag. Ich möchte einen Deutschkurs besuchen (subeench).
○ Sehr schön. Bitte .... (rtwaen) Sie noch einen Moment. ...
Entschuldigung, aber hier dürfen Sie nicht .... (chnraue)!
Bitte machen Sie die Zigarette aus.
◆ Oh, tut mir leid.
○ So, jetzt habe ich Zeit für Sie. Sie müssen bitte das Anmeldeformular
.... (usfülalen).
◆ Die Wörter sind sehr schwierig. Ich .... (hestever)
nicht alles. Können Sie mir .... (elfhen)?
○ Ja, natürlich. Kein Problem.

WORTSCHATZ ...... /8 Punkte

LERNTIPP

Wortnetze

1 Was sind Ihre Ideen zu einem Thema oder Wort? Schreiben Sie das Wort auf und alle Ideen um das Wort herum. Möchten Sie noch mehr Wörter wissen? Suchen Sie auch im Wörterbuch!

2 Und welche Ideen haben Sie zu diesen Wörtern? Notieren Sie auch diese.

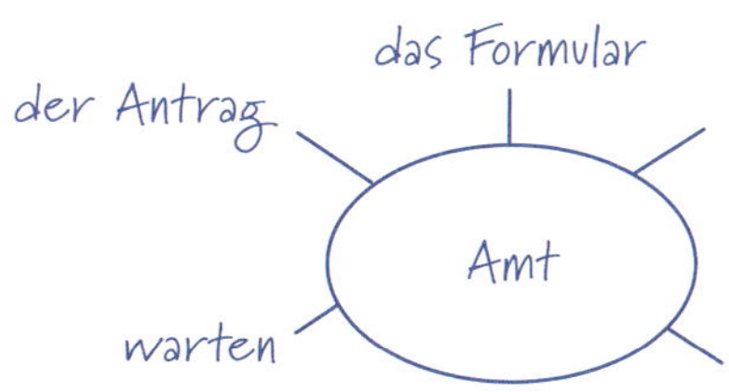

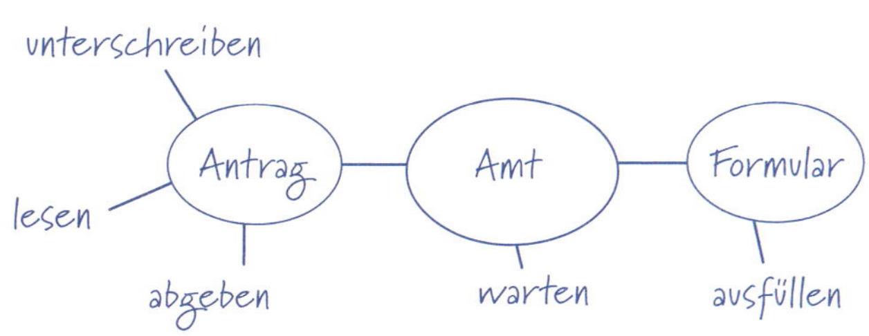

Lesen

7 Lesen Sie das Formular und ergänzen Sie. .... /5 Punkte

Anmeldung bei der Meldebehörde

Neue Wohnung (Adresse): Bismarckstr. 13, 44135 Dortmund

Bisherige Wohnung (Adresse): Akademiestr. 8, 44789 Bochum

Die Anmeldung gilt für folgende Personen:

Person	Familienname	Geburtsname	Vorname(n)	Geschlecht	Familienstand
1	Ito		Michiko	○ m ☒ w	ledig
2					

Geburtsdatum	Geburtsort/-land
01.06.1995	Sapporo/Japan

a Michiko wohnt ab sofort in ....
b Sie hat bis jetzt in .... gelebt.
c Michiko ist ein Name für eine ....
d Michiko ist ledig. Sie ist nicht ....
e Sie ist in .... geboren.

8 Lesen Sie und kreuzen Sie an. .... /5 Punkte

A
Gasthof zum Hahn
Biergarten
Das Essen und Trinken von mitgebrachten Speisen ist **verboten.**

B
Hunde müssen leider draußen warten.

C
Dr. med. Helmut Ebert
Allgemeinarzt
Sprechstunden:
Montag – Freitag 8–12 Uhr
Montag, Dienstag 14–19 Uhr
Telefon 02 28/65 30

D
Einkaufen ohne Stress
am verkaufsoffenen Sonntag
Sonntag, 25. März, 12–18 Uhr

E
Ab **sofort** können Sie sich für die Herbstkurse anmelden!
- Anmeldung für **Deutschkurse:** Frau Klinger, Zimmer 304
- **Englisch-, Französisch-, Spanischkurse** und andere **Sprachen:** Frau Tremba, Zimmer 306

F
Bitte im Lesesaal nicht laut sprechen und die Handys ausmachen! Danke.

	richtig	*falsch*
a Hier darf man sein Essen nicht mitbringen.	☒	○
b Hier darf man den Hund nicht mitnehmen.	○	○
c Man kann am Mittwochnachmittag zu Herrn Dr. Ebert gehen.	○	○
d Hier kann man jeden Sonntag einkaufen.	○	○
e Für einen Russischkurs muss man in Zimmer 306 gehen.	○	○
f In der Bibliothek darf man nicht telefonieren.	○	○

LESEN .... /10 Punkte

9 Was ist richtig? Hören Sie und kreuzen Sie an.

40–43 ...... /4 Punkte

A

B

C

D

Timo braucht eine Auskunft.

a
○ Timo versteht ein Wort nicht.
○ Timo findet die Touristeninformation nicht.

b
○ Mann 1 kann Timo helfen.
○ Mann 1 sagt: Timo muss in der Touristeninformation fragen.

c
○ Mann 2 weiß, wo die Touristeninformation ist.
○ Mann 2 sagt: Im Hofbräuhaus findet man Gemütlichkeit.

d
○ Mann 1 sagt: Im Hofbräuhaus findet man keine Gemütlichkeit.
○ Mann 1 meint auch: Timo muss ins Hofbräuhaus gehen.

Das Hofbräuhaus in München: Dort gibt es Musik und viele Touristen.

10 Hören Sie weiter und kreuzen Sie an: richtig oder falsch?

44 ...... /2 Punkte

		richtig	falsch
a	Die Frau zeigt Timo, was gemütlich ist.	○	○
b	Timo versteht das Wort immer noch nicht.	○	○

HÖREN ...... /6 Punkte

PAUSE

Und Sie? Haben Sie das Wort „Gemütlichkeit" verstanden? Nein? Dann lesen Sie den Text.

„Gemütlichkeit" finden die meisten Deutschen gut. Das Wort bedeutet: eine angenehme, schöne Atmosphäre, zum Beispiel in einem Restaurant, im Park oder zu Hause. Dort ist es schön und man hat keinen Stress. Hier kann man „relaxen" oder „chillen", wie man heute für „ausruhen" sagt. Aber es gibt nicht nur eine Erklärung für das Wort. Jeder versteht Gemütlichkeit anders: Kaffee trinken und Kuchen essen, im Bett liegen und ein Buch lesen, mit Freunden zusammen kochen ...

Haben Sie verstanden? Kreuzen Sie an.
○ Für das Wort „Gemütlichkeit" gibt es eine Erklärung.
○ Für das Wort „Gemütlichkeit" gibt es viele Erklärungen.

Sprechen und Schreiben

11 Ordnen Sie zu.

...... / 7 Punkte

~~Können Sie das bitte wiederholen?~~ | Was bedeutet das Wort? | Ich verstehe das Wort nicht. | Wie bitte? | Noch einmal, bitte. | Können Sie mir helfen? | Können Sie das bitte erklären? | Ich brauche eine Auskunft.

Nicht-Verstehen signalisieren	um Erklärung bitten	um Wiederholung bitten	um Hilfe bitten
		Können Sie das bitte wiederholen?	

12 Ordnen Sie zu.

...... / 3 Punkte

Was heißt „Behörde"? | ~~Darf ich Sie etwas fragen?~~ | Das habe ich nicht verstanden. Ich kann noch nicht so gut Deutsch. | Aber ich verstehe nicht alles. Helfen Sie mir?

a
- ◆ Entschuldigung! Darf ich Sie etwas fragen?
- ○ Ja, bitte?
- ◆ Ich wohne jetzt in Mainz. Da muss man doch ein Formular ausfüllen, oder?

b
- ◆ Entschuldigung. Ich muss das Formular hier ausfüllen. ......
- ○ Ja, natürlich. Gern.

c
- ◆ ......
- ○ „Behörde" bedeutet „Amt".

d
- ◆ Also, für ein Besuchervisum müssen Sie zur Botschaft gehen. Sie müssen einen Antrag ausfüllen und eine Verpflichtungserklärung abgeben.
- ○ Wie bitte? ......

SPRECHEN ...... / 10 Punkte

45 13 Ein Diktat. Hören Sie und schreiben Sie. Ergänzen Sie auch ! oder ?

...... / 6 Punkte

a Gehen Sie schon nach Hause?
b ......
c ......
d ......
e ......
f ......
g ......

SCHREIBEN ...... / 6 Punkte

MEINE PUNKTE ...... / 60 Punkte

☺ 60–55:	☺ 54–49:	☺ 48–43:	😐 42–37:	☹ 36–31:	☹ 30–0:
Super!	Sehr gut!	Gut.	Es geht.	Noch nicht so gut.	Ich übe noch.

1 Was passt? Kreuzen Sie an.

...... /3 (6 x 0,5) Punkte

a	Frau Schulze hat Schmerzen:	○ Ihr	○ Sein	Bauch tut weh.
b	Herr Möller hat Fieber.	○ Ihr	○ Sein	Arzt sagt, er soll im Bett bleiben.
c	Anna kann nicht zum Deutschkurs kommen.	○ Ihr	○ Sein	Sohn ist krank.
d	Achmed hatte einen Unfall. Jetzt tut	○ ihr	○ sein	Bein weh.
e	Minas Lehrer ist in Hamburg. Dort lebt	○ ihre	○ seine	Mutter. Sie ist krank.
f	Meine Chefin hat	○ ihre	○ seine	Tochter zum Kinderarzt gebracht.

2 Ergänzen Sie.

...... /5 Punkte

a ◆ Hier, Hans. Du musst noch dein e Tabletten nehmen.
○ Muss das sein? Mein / Arzt hat doch gesagt, ich bin wieder gesund.

b ◆ Wie geht es dir?
○ Nicht so gut. Mein ...... Augen sind nicht mehr gut. Ich sehe so schlecht.

c ◆ Hast du dein ...... Bein schon gekühlt?

d ◆ Elfi will ihr ...... Mann im Fitnessstudio anmelden. Er soll Sport machen.
○ Hat sie sein ...... Arzt auch gefragt?

e ◆ Hier darf man nicht rauchen. Macht bitte eur ...... Zigaretten aus!

3 Schreiben Sie Sätze.

...... /3 Punkte

A

Die Frau soll lauter sprechen.

B

Der Junge ......

C

Die Mutter ......

D

Der Junge ......

4 Ergänzen Sie in der richtigen Form: *sollen – müssen.*

...... /5 Punkte

a Ich habe oft Kopfschmerzen und ...... nicht mehr so lange am Computer arbeiten.
b Wir ...... nicht so laut sein, hat Mama gesagt. Hört ihr nicht?
c Sie ...... bitte einen Moment warten. Der Wartebereich ist dort.
d Nein, wir können am Samstag nicht zusammen einkaufen. Ich ...... arbeiten.
e Ihr ...... nicht so viel fernsehen. Das ist schlecht für die Augen.

GRAMMATIK ...... /16 Punkte

Wortschatz

5 Ergänzen Sie.

...... /3 (6 x 0,5) Punkte

a der ....

c ....

e ....

b ....

d ....

f ....

6 Ergänzen Sie.

...... /7 Punkte

- ◆ Hallo, Martin – oje, was ist passiert?
- ○ Ich hatte einen Unfall und habe eine Verletzung (letzVeungr) am Arm.
- ◆ Tut dein Arm sehr weh?
- ○ Ja, ich habe starke .... (merSchzen).
- ◆ Musst du .... (ekaditMemen) nehmen?
- ○ Ja. Mein Arzt hat gesagt, ich soll Tabletten in der .... (theAkepo) kaufen. Ich soll auch eine .... (bealS) verwenden. Jetzt muss ich nur noch meinem Chef die .... (dungKramelnk) schicken.
- ◆ Wie lange musst du denn zu Hause bleiben?
- ○ Warum „musst“? Ich darf eine Woche zu Hause bleiben. Und wie geht es dir?
- ◆ Ach, ganz gut. Ich habe Husten und .... (nupSchfen) und mein .... (cküRen) tut weh. Aber es ist nicht schlimm.

WORTSCHATZ ...... /10 Punkte

LERNTIPP

Situationsbilder

Zeichnen Sie Bilder zu Situationen und beschriften Sie die Bilder. So lernen Sie die Wörter im Kontext und sie bleiben besser im Kopf.
Oder schneiden Sie Fotos aus Zeitungen und Zeitschriften aus und schreiben Sie die Wörter auf die Fotos.

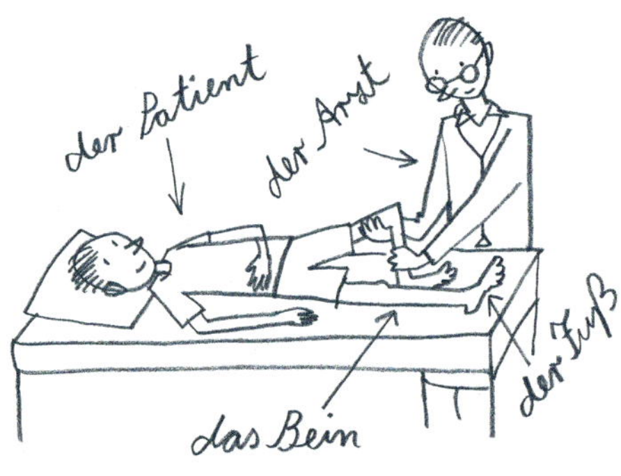

PAUSE

Was bedeutet das? Lesen Sie und kreuzen Sie an.

Meine Nase läuft.

A

○ Meine Nase kann gehen.

B

○ Ich habe Schnupfen.

7 Lesen Sie und ordnen Sie zu.

.... /4 Punkte

a Wo kann man mit Sport etwas für die Gesundheit tun? ○
b Wo kann man auch Urlaub machen? ○
c Wo bekommt man einen Job? ○
d Wer gibt Gesundheitstipps? ○

1

Spezialwoche „Fit und Gesund“
vom 8.9.–15.9.
inkl. 2 Massagen, 3 Wanderungen, Frühstück und Abendessen, Fitness-Getränke und Obst an der Bar, großes Schwimmbad, Sauna, Fitnessraum!
Gleich anmelden:
Wellness-Hotel Bergblick,
Telefon: 0041-543-18401

2

STRESS im Beruf?
Zu WENIG ZEIT für Sport?
Dr. Stefan Weber erklärt, wie Sie gesund bleiben.
Termin: Donnerstag, 13. September, 19 Uhr
Ort: Seminarzentrum
Eintritt frei

3

Fit und gesund im Wasser!
Unser neuer Aquajogging-Kurs beginnt!
Termin: donnerstags, 18 bis 19 Uhr
Anmeldungen bis 30. September im Schwimmbad am Waldstadion

4

Krankenschwester/Krankenpfleger
für die Kinderstation gesucht!
Auskunft gibt Chefarzt Dr. Harald Matussek
Telefon: 069/845-65
Krankenhaus Augustinum
Carl-Benz-Str. 63
53879 Frankfurt/Main

8 Lesen Sie und kreuzen Sie an: richtig oder falsch?

.... /3 Punkte

Hallo Paul, wir sind zum Arzt gefahren. Lena hat so schlimme Bauchschmerzen. Vielleicht hat sie etwas Falsches gegessen. Bis später! Marijana.
P. S. Wir haben keine Cola mehr. Holst du bitte welche im Supermarkt?

	richtig	falsch
a Lenas Bauch tut weh.	○	○
b Lena bringt Marijana zum Arzt.	○	○
c Paul soll Cola kaufen.	○	○

LESEN .... /7 Punkte

Hören und Sprechen

46–48 **9 Hören Sie drei Gespräche. Wo rufen die Personen an? Ordnen Sie zu.** .... /3 *Punkte*

- ◯ Gespräch 1 — A In der Arztpraxis.
- ◯ Gespräch 2 — B Im Fitnessstudio.
- ◯ Gespräch 3 — C Bei der Physiotherapeutin.

46–48 **10 Hören Sie noch einmal und kreuzen Sie an. Was ist richtig?** .... /7 *Punkte*

Gespräch 1:
- a ◯ Herr Müller muss zuerst einen Fitness-Check machen.
- b ◯ Er kann einfach im Fitnessstudio vorbeikommen.
- c ◯ Er soll am Nachmittag kommen.

Gespräch 2:
- d ◯ Frau Novak kann heute nicht kommen.
- e ◯ Sie möchte einen neuen Termin bekommen.

Gespräch 3:
- f ◯ Herr Weißhaupt hat morgen einen Arzttermin.
- g ◯ Heute sind keine Termine frei.

HÖREN .... /10 *Punkte*

49 **11 Was sagt der Mann? Sprechen Sie. Hören Sie dann und vergleichen Sie.** .... /3 (6 x 0,5) *Punkte*

A

C

E

B

D

F

50 **12 Was sagt der Mann? Ordnen Sie zu und sprechen Sie den Text. Hören Sie dann und vergleichen Sie.** .... / 4 Punkte

Kann ich bitte schon heute kommen? Es ist dringend. | Oh, gut. Dann komme ich sofort. | Guten Tag, hier spricht Miller. Ich brauche bitte einen Termin bei Frau Doktor Ewers. | Erst morgen? Ich habe aber starke Schmerzen.

- Praxis Doktor Ewers, guten Tag.
  - ...
- Ja, Herr Miller. Wann haben Sie denn Zeit? Am Vormittag oder am Nachmittag?
  - ...
- Hm, mal sehen. ... Also, heute habe ich keinen Termin mehr frei. Morgen um 8.10 Uhr. Passt das?
  - ...
- Sie haben Schmerzen? Dann können Sie einfach vorbeikommen.
  - ...
- In Ordnung, Herr Miller. Auf Wiederhören.

SPRECHEN .... / 7 Punkte

13 Ordnen Sie Wörter und schreiben Sie die E-Mail richtig. .... / 10 (5 x 2) Punkte

~~geehrte – sehr – frau zöllner~~ | leider – ich – morgen – kann – zum deutschkurs – nicht – kommen | einen arzttermin – ich – habe | ich – in der nächsten stunde – bringe – mit – die krankmeldung | sie – herrn malik – können – mitgeben – die hausaufgaben | freundlichen – mit – grüßen

E-Mail senden

Sehr geehrte Frau Zöllner,

....

....

....

....

....

....

....

....

SCHREIBEN .... / 10 Punkte

MEINE PUNKTE					.... / 60 Punkte
☺ 60–55:	☺ 54–49:	☺ 48–43:	😐 42–37:	☹ 36–31:	☹ 30–0:
Super!	Sehr gut!	Gut.	Es geht.	Noch nicht so gut.	Ich übe noch.

Grammatik

1 Wo steht das Auto? Ergänzen Sie. .... /5 Punkte

a Neben der Bank.

c Zwischen .... Häusern.

e Auf .... Parkplatz.

b Vor .... Garage.

d Hinter .... Restaurant.

f An .... Bushaltestelle

2 Was ist richtig? Kreuzen Sie an. .... /3 (6 x 0,5) Punkte

a	Petra lebt schon seit zehn Jahren	☒ in	○ nach	○ zu	Wien.
b	Im Sommer fahren wir	○ in	○ nach	○ zu	Norddeutschland.
c	Am Samstag geht Klaus	○ ins	○ nach das	○ zum	Kino.
d	Karl arbeitet viel. Er ist nie	○ ins	○ nach	○ zu	Hause.
e	Lisa hat eine Freundin	○ in der	○ in die	○ nach der	Schweiz.
f	Von Montag bis Freitag geht Mehtap	○ im	○ zum	○ nach	Deutschkurs.
g	Adrian ist krank. Er ist	○ zum	○ bei der	○ beim	Arzt.

3 Ergänzen Sie in der richtigen Form: *bei – zu – nach.* .... /8 Punkte

a ◆ Ist Paula zu Hause?
○ Nein, sie ist .... Arzt.
◆ Aha. Und wann kommt sie .... Hause?
○ Also, zuerst fährt sie noch .... Supermarkt, ich denke, so um sieben.

b ◆ Ich habe so starke Kopfschmerzen.
○ Geh doch .... Apotheke.
◆ Da war ich schon. Ich glaube, ich muss .... Arzt.

c ◆ Am Sonntag fahren wir .... Familie Schuster.
○ Oh nein! Muss das sein? Ich bleibe lieber .... Opa.
◆ Ok. Du und Opa, ihr könnt .... Hause bleiben.

GRAMMATIK .... /16 Punkte

4 Wo sind die Personen? Ergänzen Sie die Orte. .... /7 Punkte

A

An der B................................

B

In der M................................

C

Im H................................

D

In der W................................

E

Am K................................

F

Am B................................

G

In der Bücherei.

H

In der B................................

5 Wie kann man die Information auch notieren? Ergänzen Sie. .... /3 Punkte

a Der Zug fährt um 11.30 Uhr ab. → ....: 11.30 Uhr

b Er kommt um 14.00 Uhr in Bonn an. → ....: 14.00 Uhr

c Um 14.10 Uhr kann man mit dem nächsten Zug nach Köln weiterfahren. → Anschluss nach Köln: 14.10 Uhr

d Aber der Zug ist 15 Minuten zu spät. → ....: 15 Minuten

WORTSCHATZ .... /10 Punkte

LERNTIPP

Mit der Hand schreiben

Was man schreibt, bleibt besser im Kopf! Schreiben Sie neue Wörter – immer wieder. Schreiben Sie mit der Hand, nicht mit dem Computer oder Smartphone!

Lesen

6 Was ist richtig? Lesen Sie und kreuzen Sie an. ...... /5 Punkte

Der Weg zur Arbeit

... ist nicht immer kurz. So kommen die Deutschen zur Arbeit:

65,9 % mit dem eigenen Auto

18,8 % zu Fuß oder mit dem Fahrrad

10 % mit dem Bus oder mit der Straßen-, U-, S-Bahn

4 % im Auto von anderen

1,3 % mit dem Zug

1 % andere Verkehrsmittel (Motorrad, ...)

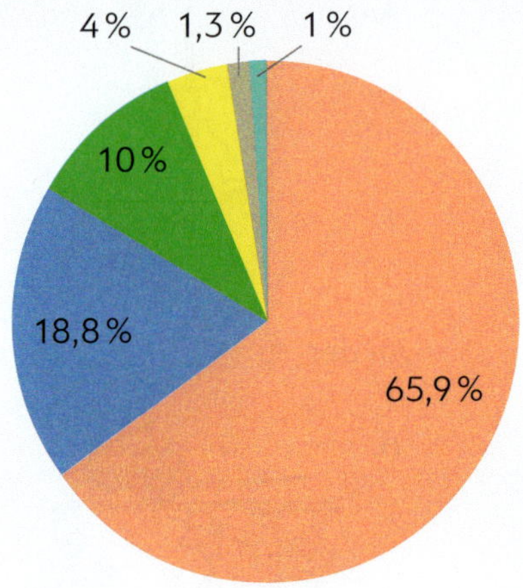

a ○ Acht Prozent gehen zu Fuß oder fahren Fahrrad.
b ○ Viele fahren mit dem Auto zur Arbeit.
c ○ Zehn Prozent nehmen den Bus.
d ○ Vier Prozent fahren im Auto von Freunden, Kollegen ... mit.
e ○ Nur wenige fahren mit dem Zug.

7 Lesen Sie und kreuzen Sie an. ...... /5 Punkte

E-Mail senden

Liebe Carola,

ich bin in meine neue Wohnung gezogen! Am Samstag mache ich eine Party. Komm doch auch!
Meine Adresse ist: Alpenstraße 11 in Weilheim. Am besten kommst Du mit dem Zug. Hier kommt jede Stunde ein Regionalzug aus München an.
Vom Bahnhof ist es nicht mehr weit. Du kannst zu Fuß gehen, ca. 800 Meter geradeaus und dann an der Ampel links in die Wallbergstraße, dann die dritte Straße rechts. Das ist schon die Alpenstraße. Unser Haus ist gelb.
Oder Du fährst mit dem Bus, zwei Stationen. Die Haltestelle heißt „Kindergarten".
Hoffentlich kannst Du kommen.

Bis Samstag!
Kerstin

	richtig	falsch
a Kerstin wohnt in Weilheim.	○	○
b Carola soll mit dem Zug kommen.	○	○
c Der Weg vom Bahnhof bis zu Kerstin ist lang.	○	○
d Am Bahnhof muss Carola den Bus nehmen.	○	○
e In Kerstins Haus ist ein Kindergarten.	○	○

LESEN ...... /10 Punkte

PAUSE

Wo ist Lara? Ergänzen Sie und finden Sie die Lösung.

A 

B 

C 

D 

E 

F 

G 

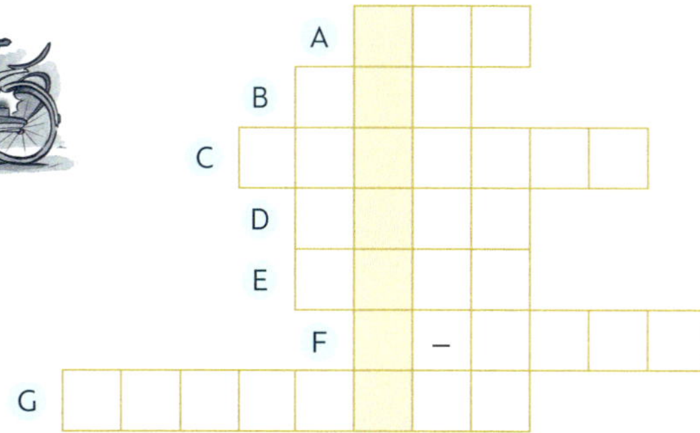

Lara ist ....

8 Wohin möchten die Leute? Wie kommen sie dorthin? Hören Sie und ergänzen Sie.

🔊 51–54

.... / 6 Punkte

	Wohin?	Wie?
a	Post	zu Fuß
b		
c		
d		

9 Hören Sie und kreuzen Sie an: richtig oder falsch?

🔊 55–57

.... / 3 Punkte

		richtig	falsch
a	Frau Herrmann soll zum Informationsschalter gehen.	○	○
b	Herr Jürgen Wanda soll sofort zum Schalter D15 kommen.	○	○
c	Das Essen kostet 6,90 Euro.	○	○

HÖREN .... / 9 Punkte

10 Was antworten Sie? Schreiben Sie.

.... / 4 Punkte

Entschuldigen Sie, wo ist hier der Bahnhof, bitte?

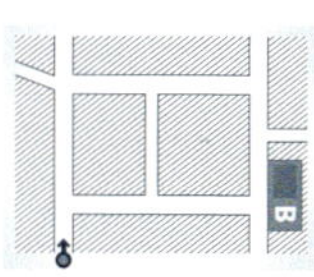

a Gehen Sie gleich hier nach …

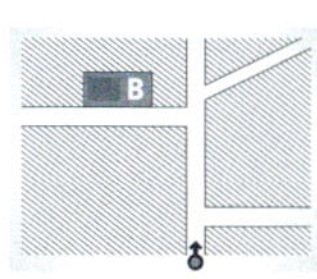

c ....

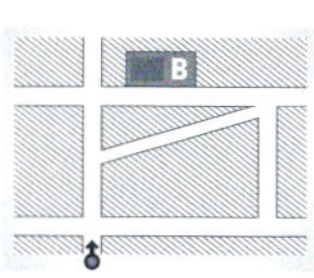

b ....

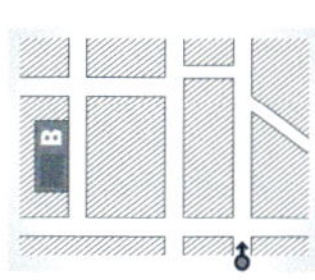

d ....

Sprechen und Schreiben

11 Wie fragen Sie? Schreiben Sie.

.... /5 Punkte

a ....? Der nächste Zug nach Dortmund? Um 15.16 Uhr.

b Aha. ....? Von Gleis 8.

c ....? Die Ankunft in Dortmund ist um 18.05 Uhr.

d ....? Ja, in Köln.

e Habe ich in Köln direkt Anschluss ? Ja, Sie kommen um 16.28 Uhr in Köln an und haben Anschluss um 16.48 Uhr.

f ....? Die Fahrkarte können Sie am Automaten und hier am Schalter kaufen.

SPRECHEN .... /9 Punkte

12 Schreiben Sie eine Antwort.

.... /6 Punkte

mit Zug | Ankunft: Samstag, 9.10 Uhr am Hauptbahnhof | mich nicht abholen | mit Bus fahren | bis Sonntag | Abfahrt:15.30 Uhr

Hallo Lukas,
Du schreibst, Du kommst am Wochenende. Wie schön!
Ich habe noch ein paar Fragen: Nimmst Du den Zug oder das Flugzeug? Wann genau kommst Du? Soll ich Dich abholen? Und wie lange bleibst Du?
Viele Grüße, Majid

Hallo Majid,
ich ....
Mein Zug ....
....
Du ....
Ich fahre ....
Ich ....
Mein Zug ....
Bis Samstag!
Lukas

SCHREIBEN .... /6 Punkte

MEINE PUNKTE					.... /60 Punkte
☺ 60–55:	☺ 54–49:	☺ 48–43:	😐 42–37:	☹ 36–31:	☹ 30–0:
Super!	Sehr gut!	Gut.	Es geht.	Noch nicht so gut.	Ich übe noch.

1 Ergänzen Sie mit *vor – bei – nach*. ...... /5 Punkte

A

Das ist Lili bei den Hausaufgaben.

B

Das sind Alina und ihre Mutter ________ Schule.

C

Das ist Frau Maier ________ Mittagessen.

D

Das sind Nora und Lisa ________ Tanzkurs.

E

Das ist Frau Weber ________ Frühstück.

F

Das ist Herr Schneider ________ Arbeit.

2 Ergänzen Sie: *einem – einer*. ...... /6 Punkte

a ◆ Kommt der Zug nicht in fünf Minuten?
○ Nein, erst in einer Stunde.
◆ Was? Ich warte schon seit ________ Viertelstunde.

b ◆ Vor ________ Monat hatte Tobias noch einen Job. Jetzt ist er arbeitslos.
○ Ja, so schnell kann das passieren. Seit ________ Woche ist er auch allein. Seine Frau ist weg.

c ◆ In ________ Jahr will ich im Ausland studieren.

d ◆ Schnell, komm! In ________ Minute beginnt der Film.

e ◆ Ist mein Reisepass schon fertig?
○ Tut mir leid! Kommen Sie in ________ Woche wieder.

3 Schreiben Sie höfliche Bitten. ...... /4 Punkte

a Meine Hand tut so weh. — du – könntest – die Rechnung – schreiben – bitte
Könntest du bitte die Rechnung schreiben?

b Frau Hellmann hat angerufen. — Sie – würden – Frau Hellmann – bitte – zurückrufen
________?

c Der Drucker geht schon wieder nicht. — den Techniker – Sie – könnten – anrufen – bitte
________?

d Wir haben keine Milch mehr. — fahren – würdest – zum Supermarkt – schnell – du
________?

e Ich brauche dringend deine Hilfe. — bitte sofort – könntest – du – kommen
________?

GRAMMATIK ...... /15 Punkte

Wortschatz

4 Was passt? Kreuzen Sie an.

.... /4 Punkte

a Guten Tag. Sie ○ erreichen uns ○ sind verbunden mit dem Anschluss von Bertram Wiese.
b Möchten Sie unseren Kundenservice sprechen? Bitte ○ drücken ○ drucken Sie die Eins.
c Wir sind nicht zu Hause. Bitte rufen Sie später noch einmal ○ zurück. ○ an.
d Sprechen Sie eine ○ Aussage ○ Ansage auf die Mailbox.

5 Was passt? Schreiben Sie.

.... /6 Punkte

a ~~die Flasche~~ — die Flasche aufmachen, die Flasche zumachen
b das Handy
c den Herd
d den Drucker
e das Foto
f das Fenster
g das Frühstück

anmachen
aufmachen
ausmachen
zumachen
machen

6 Verbinden Sie und schreiben Sie.

.... /4 Punkte

a Kleider	drücken
b den Stecker	reservieren
c eine Taste	nähen — Kleider nähen
d ein Hotelzimmer	hinterlassen
e eine Nachricht	ziehen

WORTSCHATZ .... /14 Punkte

PAUSE

Silbenrätsel. Finden Sie die passenden Wörter.
Die markierten Buchstaben sind von oben nach unten das Lösungswort.

ge – mail – ga – vice
brauchs – hei – ra – rech
an – an – ran – box
re – zung – wei – pa – ser
sung – nung – schluss – tie – tur

a Bei einem neuen Gerät hat man ....
b Ich bin nicht erreichbar? Sprechen Sie eine Ansage auf die ....
c Ein neues Gerät gekauft? Dann müssen Sie zuerst die .... lesen.
d Für ein Handy braucht man keinen festen ....
e Fernseher kaputt? Rufen Sie einen .... an.
f Die .... macht im Winter die Wohnung warm.
g Auf der .... steht, wie viel man bezahlen muss.

Lösung: Das Gerät auf dem Foto ist ein ....

LERNTIPP

Lernen im Auto, im Zug, im Bus ...
Sprechen Sie Fragen zu Wörtern, Regeln und wichtigen Ausdrücken auf einen MP3-Recorder oder Ihr Handy. Hören Sie die Aufnahme auf langen Autofahrten oder auf dem Weg zur Arbeit und antworten Sie auf Ihre Fragen. Sie hören lieber Geschichten? Dann nehmen Sie die Foto-Hörgeschichten mit und hören Sie diese. Bald verstehen Sie immer mehr Details.
Übrigens: Auch deutsche Lieder sind eine gute Idee.

7 Wo rufen Sie an? Notieren Sie die Telefonnummer.

.... */5 Punkte*

Deutsche Telefon-Komm
– der Anbieter für Telefon, Handy, E-Mail, Internet
Fragen zu Ihrer Rechnung, zu unseren Preisen oder Probleme mit der Technik? Rufen Sie unsere kostenlose Servicenummer an: 0800 22 44 88

OMA GEHT ZUM HANDY-KURS!
Die VHS Pirmasens bietet ab 1. Oktober wieder einen Handy-Kurs für Senioren an. In unserem Handy-Kurs lernen Sie alles rund um das Handy. So können Sie bald perfekt Nachrichten schicken und vieles mehr.
Mehr Informationen und Anmeldung
Telefon: 872-13

Wir reparieren zu günstigen Preisen!
Handy-Reparatur Strobel
Mechanische Reparaturen, Displaytausch, Reinigung, Ersatzteile und vieles mehr
Telefon: 0203/65 02
E-Mail: info@handy-reparatur.net

Ideal für Fotofans!
Super Handy zu verkaufen, nur 6 Monate alt, wenig benutzt; tolle Fotos machen mit der Dual-Lens-Kamera von Leica: mehr Licht, mehr Kontrast – Bilder wie mit der Profi-Kamera!
VHB: 150 Euro
Ruf an: 0172/13 45 33

Handy gesucht?
Günstig gebrauchte Handys kaufen oder das eigene Handy verkaufen!
Handy-Börse
Im Thal 3
82377 Penzberg
Mo–Fr 9–18 Uhr
Sa 10–14 Uhr
Mehr Informationen:
0175/2 10 20

HANDY-KURSE IN SCHULEN
Schon kleine Kinder haben heute ein Handy. Sie spielen, telefonieren und fotografieren damit. Aber es gibt auch viele Gefahren.
Ich komme in Ihre Schulklasse (2. Klasse bis 6. Klasse) und erkläre den Kindern alles über die Funktionen, Kosten und Gefahren des Handys.
Gisela Meinhart (Handy: 0160/712 216)

a Sie sind Lehrerin und möchten Ihre Klasse über Handys informieren. 0160/712216
b Sie fotografieren gern. ....
c Wie funktioniert ein Handy? Sie möchten es lernen und suchen einen Kurs. ....
d Ihr Handy ist kaputt. Sie wollen aber kein neues Handy kaufen. ....
e Sie haben eine Handy-Rechnung bekommen.
Aber die Rechnung ist nicht richtig. ....
f Sie möchten Ihr Handy verkaufen. ....

LESEN .... */5 Punkte*

🔊 58–60 **8 Hören Sie und kreuzen Sie an: Was ist richtig?** ...... / 3 Punkte

a Was soll der Ticketservice tun?
- ○ Drei Konzertkarten für Frau Wagner reservieren.
- ○ Drei Konzertkarten für Junghans reservieren.
- ○ Frau Wagner anrufen.

b Was soll Herr Bauer tun?
- ○ Zehn Personen abholen.
- ○ Für zehn Personen am Abend kochen.
- ○ Den Koch informieren.

c Was braucht Frau Wagner?
- ○ Einen Musiker für eine Geburtstagsparty.
- ○ Eine CD mit Jazzmusik.
- ○ Die Telefonnummer von einem Musiker.

🔊 58–60 **9 Hören Sie noch einmal und ergänzen Sie.** ...... / 3 Punkte

a Die Telefonnummer von Frau Wagner ist ....

b Die Hotelgäste möchten um .... Uhr essen.

c Frau Wagner braucht Herrn Langer am ....

HÖREN ...... / 6 Punkte

10 Wie können Sie auch sagen? Kreuzen Sie an: Was bedeutet das Gleiche? ...... / 6 Punkte

a Mein Fernseher ist kaputt.
- ○ Mein Fernseher funktioniert nicht.
- ○ Mein Fernseher hat ein Problem.

b Was kann ich für Sie tun?
- ○ Wie kann ich Ihnen helfen?
- ○ Könnten Sie mir bitte helfen?

c Bis wann können Sie das Gerät reparieren?
- ○ Wie lange brauchen Sie für die Reparatur?
- ○ Wer kann das Gerät reparieren?

d Könnten Sie mir bitte helfen?
- ○ Ich helfe Ihnen gern.
- ○ Ich brauche Ihre Hilfe.

e Ich möchte bitte das Service-Team sprechen.
- ○ Kann das Service-Team mir helfen?
- ○ Könnte ich bitte das Service-Team sprechen?

f Hier ist der Anschluss von Familie Mayer.
- ○ Sie erreichen Familie Mayer unter der Nummer 24 22 29.
- ○ Sie sind verbunden mit dem Anschluss von Familie Mayer.

🔊 61 **11 Sehen Sie die Bildkarten an und bitten Sie höflich. Hören Sie dann und vergleichen Sie.** ...... / 4 Punkte

(mir – leihen)

(kaufen)

(mir – geben)

(Mama – zurückrufen)

(mitbringen)

12 Am Telefon. Lesen Sie die Informationen. Kreuzen Sie dann an: Wer sagt das? ...... / 6 Punkte

Das Telefon klingelt. Sie gehen ans Telefon.
Aber was sagen Sie?

→ Zu Hause als Privatperson: den Nachnamen oder den Vor- und den Nachnamen.

→ Am Arbeitsplatz: den Namen der Firma, den Nachnamen ODER den Vornamen und Nachnamen, einen Gruß

Sie sind der Anrufer. Eine Person grüßt.
Wie antworten Sie?

→ Sie sagen auch einen Gruß und Ihren Namen.

		Person im Beruf	Person zu Hause	Anrufer
a	Star-Elektro Discount, guten Tag. Mein Name ist Jürgensen.	○	○	○
b	Guten Tag. Hier spricht Miron.	○	○	○
c	Obst und Gemüse Schneider, guten Tag.	○	○	○
d	Hallo, Bruno. Hier ist Niko.	○	○	○
e	Thomas Braun.	○	○	○
f	Guten Tag, Herr Braun. Sandra Sommer hier.	○	○	○

SPRECHEN ...... / 16 Punkte

13 Ordnen Sie zu. ...... / 4 (8 x 0,5) Punkte

einen Telefonanschluss bestellt | Es ist dringend | müssen mich erreichen | funktioniert der Anschluss | ~~geehrte Damen und Herren~~ | freundlichen Grüßen | Dank für Ihre Hilfe | Könnten Sie | einen Techniker schicken

E-Mail senden

Sehr *geehrte Damen und Herren*,
vor drei Wochen habe ich .... Leider .... bis heute nicht. .... mir bitte .... ? .... Meine Kunden ....
Vielen ....
Mit ....
Hassan Saidi
Autoreparatur Saidi und Partner

SCHREIBEN ...... / 4 Punkte

MEINE PUNKTE ...... / 60 Punkte

60–55:	54–49:	48–43:	42–37:	36–31:	30–0:
Super!	Sehr gut!	Gut.	Es geht.	Noch nicht so gut.	Ich übe noch.

Grammatik

1 Ergänzen Sie in der richtigen Form.

...... / 4 (8 x 0,5) Punkte

a ◆ Wie findest du _das_ Bad?
○ Naja. _Das_ finde ich schon sehr klein.
◆ Und _dieses_ ?
○ _Das_ finde ich zu groß.

b ◆ Und? Wie gefällt dir ______ Hose?
○ ______ finde ich viel zu kurz.
◆ Und ______ ?
○ Ja, ______ passt.

c ◆ Guck mal, ______ Pullover ist doch schön.
○ Schön? ______ finde ich gar nicht schön.
◆ Und ______ ?
○ Ja, ______ ist okay.

2 Ergänzen Sie.

...... / 4 Punkte

a ◆ Ist das dein Auto?
○ Nein, das Auto gehört _ihr_ .

b ◆ Wie findest du die Jacke?
○ Die steht ______ sehr gut.

c ◆ Wie gefällt es Michael in Paris?
○ Es gefällt ______ sehr gut.

d ◆ Seht mal, da kommt euer Bus.
○ Unser Bus? Der Bus gehört doch nicht ______ .
◆ Ha-ha-ha! Sehr lustig!

e ◆ Und? Wie ist der Kaffee?
○ Gut. Er schmeckt ______ wirklich sehr gut.

3 Ergänzen Sie.

...... / 6 (12 x 0,5) Punkte

a Anna isst _gern_ Pizza. Hanna isst _lieber_ Spaghetti.
Und Johanna isst _am liebsten_ Pommes frites.

b Anna gefällt Joachim ______ .
Hanna gefällt ihm ______ .
Aber ______ gefällt ihm Johanna.

c Anna kann ______ tanzen, Hanna kann ______ tanzen.
Und Johanna kann ______ tanzen.

d Anna kann zwei Kisten Wasser tragen. Das ist _vi_ ______ . Hanna kann drei Kisten Wasser tragen. Das ist ______ . Und Johanna kann vier Kisten Wasser tragen.
Das ist ______ .

e Anna mag die Berge ______ . Hanna mag das Meer ______ .
Und Johanna mag die Berge und das Meer. Aber ______ mag sie den Wald.

GRAMMATIK ...... / 14 Punkte

4 Ergänzen Sie.

___ /8 Punkte

a ◆ Also, wohin gehen wir zuerst?
○ Wir müssen ins Untergeschoss. Ich brauche einen ....  .
◆ Gut. Ich brauche einen .... 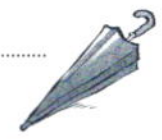 .
Die gibt es auch im Untergeschoss.

b ◆ Hm, wo sind denn hier die ....  ?
○ Da drüben!
◆ Wo?
○ Na, da! Siehst du sie nicht? Ich glaube, du brauchst eine ....  .

c ◆ Einkaufen macht hungrig. Ich brauche eine Pause.
○ Okay. Komm, wir essen eine ....  .

d ◆ Mario?! Ich fahre noch schnell zur Drogerie, ja? Wir haben keine .... 
und keine ....  mehr.
○ Ist gut. Bring bitte auch ein paar ....  mit.

5 Ergänzen Sie in der richtigen Form.

___ /4 Punkte

anprobieren | gehören | passen | stehen

◆ Guck mal, der Rock. Was meinst du? .... mir die Farbe?
○ Ich weiß nicht. Du kannst den Rock ja mal ....
◆ Nein, der .... mir nicht. Der ist zu klein. – Oh, da liegt ein Schlüssel.
.... der dir?
○ Nein, das ist nicht mein Schlüssel.
◆ Hm, wir bringen den Schlüssel am besten zur Kasse ...

6 Was passt? Ordnen Sie zu.

___ /3 (6 x 0,5) Punkte

die Bluse | ~~der Gürtel~~ | das Hemd | die Hose | das Kleid | der Pullover | der Rock

für Frauen	für Männer	für Frauen und Männer
		der Gürtel

WORTSCHATZ ___ /15 Punkte

LERNTIPP

Geschichten schreiben
Sie möchten neue Wörter lernen? Schreiben Sie eine kurze Geschichte.

Morgen fahre ich in den Urlaub. Heute packe ich meinen Koffer.
Ich nehme eine Hose und eine Jacke mit ... Oje! Wo sind meine Schuhe?

Lernen Sie die Geschichte auswendig und sprechen Sie Ihre Geschichte immer wieder – in allen Situationen: beim Putzen, beim Kochen, im Bus ...

7 Wer sagt das? Lesen Sie und ordnen Sie zu.

.... /3 (6 x 0,5) Punkte

Über Mode kann man lange sprechen. Jeder hat eine Meinung, oder?
Wir haben sechs Personen gefragt: **„Wie wichtig finden Sie Mode?“**
Hier sind die Antworten:

A 

Markus: Mode ist für mich nicht wichtig. Menschen sind wichtig. Früher hat man eine Person gesehen und sofort gewusst: Die hat viel Geld und die hat nicht so viel Geld. Heute sieht man das nicht mehr so genau. Das finde ich gut.

B 

Jessica: Natürlich ist Mode wichtig. Mit seiner Kleidung macht man eine Aussage. Ein Beispiel: Eine Frau zieht immer weite Hosen und Pullover an. Dann sagt sie: „Ich möchte nicht zu weiblich sein. Mode ist mir nicht wichtig.“.

C 

Klaus: Mode? Das ist ein langweiliges Thema. Wollen wir nicht über etwas anderes sprechen? Über Urlaub vielleicht? Oder über Fußball? Am meisten interessiere ich mich für Autos.

D 

Sybille: Für mich ist mein Aussehen sehr wichtig. Bei der Arbeit und in der Freizeit muss alles passen: Haare, Kleidung, Schuhe, Kosmetik, Schmuck. Ich fühle mich dann besser.

E 

Peter: Ich verstehe das ganze Thema Mode nicht. Heute ist das doch nicht mehr so wichtig. Ein Beispiel: mit Jeans in die Oper. Heute ist das kein Problem mehr. Das finde ich sehr gut. Ich will ja kein Model sein. Ich möchte Musik hören!

F 

Lina: Sie fragen nach Mode? Soll das ein Witz sein? Wie soll ich das denn bezahlen? Miete, Lebensmittel, Heizung – alles ist so teuer. Für Mode habe ich kein Geld.

Diese Personen finden Mode wichtig: ....

Diese Personen finden Mode nicht (so) wichtig: ....

8 Was sagen die Personen in 7? Was ist richtig? Lesen Sie noch einmal und kreuzen Sie an.

.... /6 Punkte

A ○ Kleidung zeigt noch immer, wer Geld hat.
B ○ Mit Kleidung zeigt eine Person: So bin ich.
C ○ Mode ist nicht interessant.
D ○ Die richtige Kleidung für jede Situation ist wichtig.
E ○ Mit Jeans darf man nicht in die Oper gehen.
F ○ Mode ist günstig.

LESEN .... /9 Punkte

PAUSE

Was bedeutet diese Redewendung? Kreuzen Sie an.

Kleider machen Leute.

○ Die Leute sollen selbst ihre Kleidung nähen. Das sieht am besten aus.
○ Man soll sich gut anziehen. Dann bekommt man mehr Respekt.

die Leute (Pl.) = die Personen

62 **9 Was kauft Heike? Hören Sie und kreuzen Sie an.** .... /6 Punkte

○ eine weiße Bluse
○ eine rosa Bluse
○ einen schwarzen Gürtel
○ einen braunen Gürtel
○ eine Jacke
○ einen Rock

HÖREN .... /6 Punkte

10 Schreiben Sie die Fragen. .... /6 Punkte

a Sie suchen Sportkleidung und fragen an der Information: Entschuldigung, ...

b Sie kaufen mit Ihrer Freundin ein. Zwei Kleider gefallen Ihnen sehr gut. Sie wollen aber nur ein Kleid kaufen und fragen Ihre Freundin: ......

c Sie haben schöne Schuhe gesehen. Sie möchten aber eine andere Farbe: Braun. Sie fragen die Verkäuferin: ......

d Sie haben eine Hose anprobiert. Aber sie ist zu groß. Sie haben Größe 38: ......

e Sie wollen am Abend in einen Klub gehen. Sie haben zwei schöne Jacken. Sie fragen Ihren Freund: ......

f Sie finden die Kasse nicht und fragen eine Verkäuferin: ......

Sprechen und Schreiben

11 Welche Antwort passt? Schreiben Sie. .... /4 (8 x 0,5) Punkte

	☺	☹
a Der Film „Sophie Scholl" gefällt mir nicht.	Mir schon.	Mir auch nicht
b Evas Kuchen schmeckt mir sehr gut.		
c So viel Sonne! Das Wetter heute gefällt mir.		
d Röcke stehen mir nicht.		
e Diese Schuhe sind zu klein. Sie passen mir nicht.		

SPRECHEN .... /10 Punkte

12 Lesen Sie und schreiben Sie. .... /6 Punkte

Hallo Gosia, heute nur ganz kurz – ich muss gleich zur Arbeit. Ja, ich habe ein Kleid für das Konzert gefunden. Es war aber nicht einfach. Ich war in fünf Geschäften und habe zwanzig Kleider anprobiert. Mein neues Kleid war ziemlich teuer, aber es gefällt mir auch sehr gut. Und Du? Was ziehst Du heute Abend an? Hast Du etwas Neues gekauft? Hast Du auch so lange gesucht? Bis später! Steffi

Antworten Sie für Gosia auf die Fragen von Steffi: Sie war auch in fünf Geschäften, hat aber nichts gefunden. Jetzt zieht sie einfach einen Rock (blau) und eine Bluse (weiß) an. Vergessen Sie die Anrede und den Gruß am Ende nicht.

....

....

Aber ....

....

Der Rock ist ....

....

Gosia ....

SCHREIBEN .... /6 Punkte

MEINE PUNKTE					.... /60 Punkte
☺ 60–55:	☺ 54–49:	☺ 48–43:	😐 42–37:	☹ 36–31:	☹ 30–0:
Super!	Sehr gut!	Gut.	Es geht.	Noch nicht so gut.	Ich übe noch.

1 Wann ist das? Schreiben Sie!

...... /3 Punkte

A

Am zwölften März.

B

C

D

2 Ersetzen Sie die markierten Wörter mit *er – sie – ihn*.

...... /7 Punkte

Lissi ist auf einer Party. Dort sieht ...

Eine Liebesgeschichte

Lissi ist auf einer Party. Dort sieht **Lissi** einen interessanten Mann. Leider hat **der Mann** keine Augen für **Lissi**. „Was kann ich **den Mann** fragen?", denkt Lissi. – „Entschuldigen Sie, wie spät ist es?", fragt **Lissi** den Mann. „Zehn Uhr", antwortet **der Mann** und lacht: „Hast du keine Uhr?" „Doch." Lissi und der Mann lachen.
Ein Kellner kommt und sieht **Lissi und den Mann** an. „Darf ich dich zu einer Cola einladen?", fragt der Mann. „Ja, gern."

3 Ergänzen Sie: *und – aber – denn*.

...... /6 Punkte

a Ein Techniker muss kommen, ... die Waschmaschine funktioniert nicht.
b Der Reparaturservice hat drei Stunden für die Reparatur gebraucht, ... der Fernseher geht immer noch nicht.
c Kamil soll zu Evas Silvesterparty kommen .... er soll eine Freundin mitbringen.
d Über Weihnachten fahre ich zu meinen Eltern, ... du musst nicht mitkommen.
e Abas feiert seinen Geburtstag nicht, ... er mag Geburtstage nicht.
f Wir müssen keine Getränke für das Grillfest kaufen, ... wir haben genug Getränke.

GRAMMATIK ...... /16 Punkte

Wortschatz

4 Verbinden Sie und schreiben Sie. ...... /5 Punkte

a zur Hochzeit — bekommen — *Geschenke bekommen*
b eine Hochzeit — schenken — ....
c Geschenke — wünschen — ....
d Verwandte — gratulieren — ....
e Blumen — feiern — ....
f Glück — besuchen — ....

5 Ordnen Sie zu. ...... /8 Punkte

~~Arbeitsstelle~~ Bescheid besuche Einladung feiern Flug Freude gratuliere September

A
Ich habe eine *Arbeitsstelle* als Krankenpfleger gefunden. Am 1. .... fange ich an. Das müssen wir ....: am Freitag ab 19 Uhr in Aris Taverne. Kommt Ihr? Bitte gebt kurz ....

B
Ich .... Dir zum neuen Job! Das ist super. Leider kann ich nicht kommen, denn ich .... am Wochenende meinen Großvater in Athen. Mein .... geht schon am Freitagmorgen.

C
Danke für die .... Leider bin ich am Freitag nicht dabei, denn ich habe Spätschicht. Ich wünsche Dir schon heute viel .... im neuen Job.

WORTSCHATZ ...... /13 Punkte

LERNTIPP

Lückentexte

1 Machen Sie eine Kopie von einem Text aus Ihrem Kursbuch oder von einem anderen Text mit wichtigen Wörtern.

2 Entfernen Sie die Wörter, die Sie lernen möchten (z. B. „denn“, „und“, „oder“, „aber“ ...); oder alle Wörter zum Thema „Geburtstag“; oder alle Wörter, die mit dem Buchstaben „s“ beginnen; oder jedes siebte Wort; oder ...

3 Lassen Sie den Text zwei oder drei Tage liegen. Sehen Sie ihn nicht an. Füllen Sie erst nach zwei oder drei Tagen die Lücken wieder aus.

Mein Lieblingsfest

Mein Lieblingsfest ist Ostern. Am .... machen wir immer ein super .... Da gibt es .... und .... und natürlich ....

6 Lesen Sie schnell und ordnen Sie zu. .... /3 Punkte

◯ Ostern ◯ Silvester ◯ Karneval

A

Zwischen Weihnachten und Neujahr ist nur eine Woche. In dieser Zeit haben viele Leute Urlaub und sie besuchen ihre Verwandten. Ganz anders ist Silvester: Das neue Jahr wollen viele mit ihren Freunden begrüßen. Sie laden zu Partys und Abendessen ein oder gehen zusammen tanzen. Um 12 Uhr trinken sie Sekt und wünschen alles Gute für das neue Jahr. Natürlich gibt es auch in Deutschland Feuerwerk zu Silvester. Ins Bett geht man in dieser Nacht erst spät. Aber zum Glück ist der 1. Januar ja auch ein Feiertag. Da darf man ein bisschen länger schlafen!

B

Sicher kennen Sie die vier Jahreszeiten: Frühling, Sommer, Herbst und Winter. Aber es gibt noch eine fünfte Jahreszeit: den Karneval. Der Karneval beginnt am 11. November um 11 Uhr und 11 Minuten und endet meist im Februar. In der letzten Woche des Karnevals sind die Leute auf den Straßen und ziehen lustige Kleidung an. Sie tanzen, lachen, singen und feiern. Im Südwesten Deutschlands, in der Schweiz und im Westen Österreichs heißt der Karneval „Fasnacht". In anderen Teilen Österreichs und in Bayern sagt man „Fasching". In vielen Regionen denkt man bei dem Wort Karneval an den Rhein. Er ist der längste Fluss in Deutschland. Am Rhein liegen die großen deutschen Karnevalsstädte Mainz, Köln und Düsseldorf.

C

Schon kurz nach Weihnachten kann man sie kaufen: die ersten Schokoladen-Hasen. Der „richtige" Osterhase kommt aber erst Ende März oder im April zu den Kindern und bringt ihnen Eier. Eier? Kann ein Hase Eier legen? Die Geschichte vom Osterhasen beginnt vor mehr als 300 Jahren. Schon 1678 schreibt ein Arzt aus Heidelberg über diese Tradition. Zu dieser Zeit bringt aber nicht in allen Regionen ein Hase die Ostereier. Auch andere Tiere wie der Hahn oder der Fuchs hatten diese Aufgabe. Warum kein Huhn? Das weiß man bis heute nicht. Sicher ist: Eier legen können nur Hühner.

7 Was ist richtig? Lesen Sie noch einmal und kreuzen Sie an. .... /6 Punkte

a Silvester feiern viele mit ○ Verwandten. ○ Freunden.
b An Silvester gehen die Leute ○ zu Partys oder tanzen. ○ früh ins Bett.
c Die fünfte Jahreszeit ist ○ der Winter. ○ der Karneval.
d Viele Karnevalsstädte liegen ○ in Österreich. ○ am Rhein.
e ○ An Weihnachten ○ An Ostern bekommen die Kinder Eier.
f In Deutschland bringt ○ das Huhn ○ der Osterhase die Eier.

LESEN .... /9 Punkte

Hören und Sprechen

PAUSE

63 **Lesen Sie noch einmal Text B in Übung 7. Hören Sie dann eine Radiosendung. In der Sendung sind vier Fehler. Was ist richtig?**

	Text	*Fehler/Radio*
a Der Fluss in Düsseldorf heißt	....	Elbe
b Der Karneval beginnt im	....	....
c „Fasching" sagt man im/in	....	....
d Der „richtige" Karneval dauert	....	....

64–69 **8 Hören Sie und kreuzen Sie an.** .... /6 Punkte

	richtig	*falsch*
a Die Konzerte sind am 6. und 7. Juli.	○	○
b Die Großmutter hat am 18. Geburtstag.	○	○
c Heute ist der 5. Februar.	○	○
d Der Mann möchte Kinokarten für den 11. Mai.	○	○
e Das Auto kommt am 15. September.	○	○
f Dieter fährt am 26. April nach Wien.	○	○

HÖREN .... /6 Punkte

9 Was passt? Ordnen Sie zu und schreiben Sie die Gespräche. .... /6 Punkte

~~Ich habe heute Geburtstag.~~ | Ich lade dich zu meiner Abschiedsfeier ein. | ~~Wirklich? Alles Gute!~~ | Ich habe am Samstag geheiratet. | Wir feiern am Samstag das Kurs-Ende. Im Irish Pub. Kommst du mit? | Tut mir leid, aber ich habe am Samstag keine Zeit. | Wir gratulieren zur Hochzeit. | Vielen Dank für die Einladung.

a
- ◆ Ich habe heute Geburtstag.
- ○ Wirklich? Alles Gute.

b
- ◆ ....
- ○ ....

c
- ◆ ....
- ○ ....

d
- ◆ ....
- ○ ....

SPRECHEN .... /6 Punkte

10 Hier sind sechs Fehler. Korrigieren Sie.

...... /5 Punkte

E-Mail senden

Lieber Karim,
nächste Woche ~~bin~~ ich 25. Das möchte ich — werde
feiern und ich lade Dich für meiner Geburtstagsparty ein. — ....
Wir machen am Samstag, 19. Juli, ein Picknick am Main.
Kommst Du? Ich werde mich freuen. — ....

Viele Gruß — ....
Dario

E-Mail senden

Hallo Dario,
vielen Dank für die Einladung. Tut mir leid, kann ich — ....
nicht kommen, denn ich bin am 19. Juli in der Schweiz.
Ich wünsche Ihnen schon heute viel Spaß beim Fest. — ....

Karim

11 Schreiben Sie eine Einladung.

...... /5 Punkte

- Sie schreiben an Frau Weigel, Ihre Deutschlehrerin.
- Sie laden Frau Weigel zu einem Grillfest ein.
- Sie grillen am 5. Mai ab 15 Uhr im Stadtpark.
- Sie bitten um Antwort.
- Sie grüßen.

....

....

....

....

....

SCHREIBEN ...... /10 Punkte

MEINE PUNKTE ...... /60 Punkte

☺ 60–55:	☺ 54–49:	☺ 48–43:	😐 42–37:	☹ 36–31:	☹ 30–0:
Super!	*Sehr gut!*	*Gut.*	*Es geht.*	*Noch nicht so gut.*	*Ich übe noch.*

Lösungen

Lektion 1

1 **a** Woher **b** Wie **c** Was **d** Wie **e** Wer

2 **b** Und wer bist du? **c** Ich heiße Sandra. **d** Woher kommst du? **e** Ich komme aus Österreich. **f** Ich spreche ein bisschen Englisch.

3 ist, bin/heiße, kommen, komme/bin, ist

4 **a** markieren, ergänzen, schreiben **b** lesen, hören, ansehen

5 Familienname, Vorname, Straße, Postleitzahl, Hausnummer, Telefon, E-Mail, Stadt

6 **b** Polnisch **c** Russisch **d** Englisch **e** Türkisch **f** Rumänisch

7 **a** Nina; Leipzig; Deutschland; Deutsch, Englisch **b** El-Sharawi; Selim; Kairo; Ägypten

8 **a** richtig **b** falsch **c** richtig **d** falsch

9 **Familienname**: Kremser, **Vorname**: Maria, **Hausnummer**: 10, **Stadt**: Schaan, **Land**: Liechtenstein

10 **b** bitte **c** Danke **d** Entschuldigung, Tut mir leid

11 Guten Tag, Ist ... da, bitte, buchstabiere, Auf Wiederhören

12 **a** Freut mich **b** stimmt **c** Moment **d** Wie bitte

Pause **a** B Deutschland **b** A der Schweiz **c** C Österreich

13 **a** Tschüs, interessant, Straße **b** leid, weiß, Wie heißen Sie

14 Ich bin/heiße Walter Steiner. Vorname Walter, Familienname Steiner. Ich bin/komme aus Düsseldorf. Ich spreche Deutsch, Englisch und ein bisschen Italienisch.

Lektion 2

1 **a** lebe **b** heißen **c** kommt **d** wohnen **e** spricht **f** habt

2 **a** bin **b** ist **c** bist, ist **d** sind **e** Seid, sind

3 Aber **er** ist in München geboren, in Süddeutschland. Rolfs Eltern wohnen noch in München. **Sie** sind schon lange verheiratet. Rolfs Schwester heißt Katrin. **Sie** ist 17 und ledig. Rolf ist verheiratet. Rolfs Frau kommt aus Hamburg. **Sie** heißt Anke. Rolf und Anke haben eine Tochter. **Sie** heißt Paula und ist 3 Jahre alt.

4 **a** mein Mann **b** mein Vater, mein Bruder, meine Mutter, meine Schwester

5 **b** 20 16 18 **c** 90 28 **d** 14 04 12 **e** 54 76 21 **f** 13 11 17

6 **a** falsch **b** richtig **c** richtig **d** richtig **e** falsch

7 **a** der Schweiz. **b** der Schweiz. **c** zwei Brüder und eine Schwester. **d** Geschwister. **e** ledig.

Pause **a** Bern **b** Österreich **c** Deutschland **d** München **e** Wien **f** Berlin, **Die Stadt heißt** Bremen.

8 **a** Frankfurt, eine Schwester, 12 16 20 **d** Leipzig, sind geschieden, acht und sieben

9 **1** Gut, danke. **2** Super. **3** Naja, es geht. **4** Danke, sehr gut. **5** Ach, nicht so gut.

10 Wie ist Ihre Adresse?, Wie ist Ihre Telefonnummer?, Wo sind Sie geboren?, Sind Sie verheiratet?, Haben Sie Kinder? / Haben Sie ein Kind?

11 **a** Mutter **b** Mann **c** zusa**mm**en **d** Telefonnu**mm**er

12 **b** Meine Schwester hat zwei Kinder. **c** Wie geht es Ihnen? **d** Wo bist du geboren?

13 **Familienname**: Özdemir, **Vorname**: Yasemin, **Heimatland**: Türkei, **Geburtsort**: Istanbul, **Wohnort**: Duisburg, **Straße / Hausnummer**: Adlerstr. 80, **Telefonnummer**: 0203 / 4321, **Familienstand**: verwitwet

Lektion 3

1 **b** Kommst du aus der Ukraine? **c** Wohnst du in Dortmund? **d** Wie ist deine Telefonnummer? **e** Bist du verheiratet? **f** Wo bist du geboren?

2 **a** möchte, möchten, möchten **b** möchtet, möchte, möchten

3 **b** ein **c** eine **d** keine **e** kein

4 **B** Butter **C** Kartoffeln **D** Käse **E** Fisch **F** Reis **G** Kuchen

5 Äpfel, Bananen, Tomaten, Eier, Kartoffeln, Becher

6 Dose, Gramm, Flasche, Kilo, Packung, Becher

Pause **b** Bohne **c** Lauch **d** Karotte **e** Zucchini **f** Pilz **g** Mais **h** Paprika

7 **b** C **c** D **d** A **e** E

8 **a** Kartoffeln, Äpfel **b** Brötchen **c** Eier

9 **a** 1,99 € **b** 0,35 € **c** 1,76 €

10 **a** Ja, bitte. **c** Ja, natürlich. **d** Nein, danke.

11 ◆ Bitte schön? ○ Ich möchte bitte ein Kilo Tomaten. ◆ Ja gern. Sonst noch etwas? ○ Ja, bitte. Haben Sie Orangen? ◆ Ja. Wie viel möchten Sie denn? ○ Ich weiß nicht. Was kostet ein Kilo? ◆ 1 Euro 99. ○ Gut. Dann zwei Kilo, bitte. ◆ Sonst noch etwas? ○ Nein, danke. Das ist alles. ◆ Das macht dann 5,97 Euro.

12 **b** Joghurt **c** Das ist Sahne. **d** Das ist doch kein Joghurt, das ist Sahne.

13 **b** Wo finde ich Fisch und Wein? **c** Ich habe noch Brötchen und Kuchen. **d** Ich hätte gern Äpfel und Käse. **e** Wir brauchen eine Packung Butter. **f** Was kosten 100 Gramm Käse und ein Kilo Gemüse?

Lektion 4

1 **b** eine/die, Die **c** ein, Das **d** ein/der, Der

2 **a** Es **b** Sie **c** sie **d** Es **e** Er

3 **b** nicht **c** keine **d** nicht. **e** keine

4 **b** rot **c** braun **d** grün **e** hellblau **f** dunkelblau **g** gelb **h** grau **i** weiß

5 **a** das Arbeitszimmer **b** das Bad **c** die Küche **e** der Flur **f** das Schlafzimmer **h** das Wohnzimmer

6 **b** hässlich **c** alt **d** schmal **e** teuer **f** dunkel

7 **b** der Luxus-Typ, der Romantiker **c** der Praktische Typ, der klassische Typ **d** der Praktische Typ, der moderne Typ **e** der Luxus-Typ, der moderne Typ **f** der Praktische Typ, der Romantiker

Pause **Lösung**: ZAHLEN

8 **richtig**: b, c

9 **Gespräch 1**: D, **Gespräch 2**: A, **Gespräch 3**: B, **Gespräch 4**: C

10 Ja, richtig, Wie groß, Welche Farbe, Schau mal, Ganz gut, nicht

11 **a** Dort. **b** Ja. Sehr gut. **d** Ja. Dort. **e** Sehr gut. **f** Ungefähr drei Jahre alt. **g** 12 m^2.

12 Suche für Familie mit Kindern 4-Zi.-Wohnung, große Küche, m. Balk., bis 800 Euro warm

13 **Musterlösung**: Hallo, wir haben eine neue Wohnung! Sie ist 90 m^2 groß und (sie) hat vier Zimmer. Die Küche ist leider nur klein. Aber das Wohnzimmer ist groß und hell. Und sie kostet nur 700 Euro warm. Ist das nicht super? Viele Grüße

Lektion 5

1 **b** Lili räumt das Kinderzimmer auf. **c** Kaufst du heute ein? **d** Fangen die Kurse um neun an? **e** Herr und Frau Kaiser sehen nicht gern fern. **f** Ich rufe meine Mutter an.

2 **b** arbeitest **c** sieht fern, Fängt...an **d** arbeitet, esst **e** schläft

3 **a** am, Um **b** um **c** Am

4 **b** Von Montag bis Freitag geht er zum Deutschkurs. **c** Am Nachmittag geht er spazieren. **d** Am Abend macht er Hausaufgaben. **e** Um elf Uhr geht er ins Bett. **f** Jeden Sonntag ruft er seine Eltern an.

5 **A** Musik hören **B** spazieren gehen **C** abholen **D** arbeiten **E** kochen **F** spielen

6 **b** Mittwoch **c** Woche **d** enden **e** schlafen

7 **Ja**: c,e

8 **a** zehn Uhr **b** am Nachmittag **c** vier Uhr **d** Kinokarten **e** halb sechs **f** nicht ab.

9 **a** Am Freitag. **b** Jeden Tag. **c** Am Vormittag oder am Nachmittag. **d** Von 8 bis 13 Uhr und von 14 bis 17 Uhr.

10 **b** Rolf **c** Rolf und Anne **d** Rolf **e** Anne

Pause **B** Hans ist ein Sonntagskind. **A** Es ist nicht alle Tage Sonntag.

11 **b** vierzig nach zehn **c** halb nach elf **d** fünf nach sieben Uhr **e** fünfzehn vor neun **f** vier vor eins Uhr

12 **a** Ich koche gern. **b** Ich kaufe gern ein. **c** Ich räume nicht gern auf. **d** Ich arbeite gern und ich stehe gern früh auf. **e** Ich spiele nicht gern.

13 Musterlösung: Hallo Sabrina, hast Du am Samstag Zeit? Gehen wir einkaufen? Ich habe am Nachmittag Zeit. Am Vormittag habe ich Deutschkurs. Emilia

Hallo Emilia, am Samstag habe ich leider keine Zeit. Meine Schwester kommt. Sabrina

Lektion 6

1 **b** einen **c** einen **d** keinen **e** Der **f** der **g** keinen

2 **A** keine, kein **B** die, der, eine **C** einen, einen

3 **a** nimmt **b** fährt **c** trifft **d** liest, sieht fern

4 **a** Pommes, Schinken, Salat **b** Regen, Sonne, Wolke

5 **b** Lieblingsessen **c** Lieblingsgetränk **d** Lieblingsstadt **e** Lieblingsbuch **f** Lieblingsfarbe **g** Lieblingsmusik

6 **b** grillen **c** machen **d** treffen **e** sehen

7 **b** arbeitet. **c** grillt. **d** schläft. **e** wandern.

8 **a** richtig, falsch **b** richtig, falsch **c** richtig, falsch

9 **1** Gut. Die Sonne scheint. **2** Nicht so gut. Es schneit. **3** Nicht so gut. Es ist windig. **4** Nicht so gut. Es regnet.

10 **a** Na klar. **b** Kein Problem. Ich trinke gern einen Tee. **c** Ja, sehr oft. Das macht Spaß. **d** Ja, ich finde Krimis interessant. **e** Na gut. **f** Gern. Moment mal... wir haben keine Kartoffeln mehr.

11 Nein, Doch, Nein, Ja, Nein, Doch

Pause (von oben nach unten) der Frühling, der Sommer, der Herbst, der Winter

12 **2** wir schreiben heute aus Österreich. **3** Wir sind eine Woche hier **4** und sehen viel. Es ist alles sehr schön hier. **5** Auch das Wetter ist gut. **6** Die Sonne scheint jeden Tag. **7** Morgen fahren wir wieder nach Hause. Leider! **8** Viele Grüße von Björn und Emmy

13 **Musterlösung**: Lieber Farhad, ich schreibe aus Berlin. Ich bin drei Tage hier. Alles ist sehr schön. / Es ist alles sehr schön hier. Das Wetter ist leider nicht gut. / Leider ist das Wetter nicht gut. Am Samstag fahre ich nach Hause. Viele Grüße Dario

Lektion 7

1 **a** Kannst **b** kann, will **c** wollen

2 **b** E **c** I **d** D **e** G

3 **b** Kannst du Laras Lehrerin anrufen? **c** Ich möchte bitte mit Frau Baumann sprechen. **d** Habt ihr heute einen Test geschrieben? **e** Lili will die Hausaufgaben nicht machen. **f** Was willst du am Nachmittag machen? **g** Wann bist du nach Hause gekommen?

4 **ge ... -(e)t**: gekocht, gelernt, gespielt; **ge ... -en**: gefahren, gelesen, geschrieben

Lösungen

5 **a** ist **b** hat **c** hat **d** ist **e** hat

Pause Karli kann nicht Englisch und nicht Französisch sprechen.

6 **b** Tennis **c** wecken **d** Frühstück **e** schmecken **f** Unterricht **g** Grundschule **h** eine Klasse **i** krank

7 **Wann**: am Samstag, den 5.6. von 10 bis 18 Uhr; **Wo**: in der Schule; **Programm der 4b**: Lieder singen, Kuchen verkaufen; **Eltern**: Kuchen backen

8 **a** Charlotte **b** Hanna **c** Hanna **d** Charlotte **e** Hanna **f** Charlotte

9 **a** ich will nicht **b** Gute Besserung **c** Das machen wir **d** Schade **e** Ich gehe zum Arzt

10 **b** Frühstück **c** schreiben **d** schmecken **e** spielen **f** stricken **g** schade

11 **a** Sara geht zur Schule. Sie schreibt ein Diktat. Aber sie versteht die Lehrerin nicht. **b** Sara möchte mit Niko spazieren gehen und spielen. Sie will auch in die Stadt fahren. Aber es ist schon spät.

12 **Musterlösung**: Liebe Frau Richter, meine Tochter Kasia kann heute nicht zum Unterricht kommen. Sie ist krank. Mit freundlichen Grüßen Olga Obacz

Lektion 8

1 **a** Vor drei Monaten. **c** Seit drei Monaten. **d** Für drei Monate.

2 **b** waren **c** hatten **d** war, habe **e** war

3 **a** hattest, war **b** war, war, hatte **c** waren, hatten

Pause Es ist Donnerstag!

4 **Musterlösung**: das Arbeitszimmer, arbeiten, der Arbeitsplatz, der Arbeiter / die Arbeiterin

5 **b** Der Journalist macht Interviews. **c** Die Köchin kocht und backt. **d** Die Hausfrau arbeitet zu Hause: Sie kocht und räumt auf. **e** Die Krankenschwester hilft Patienten. **f** Die Studentin lernt an der Universität. **g** Der Taxifahrer bringt eine Person zu einem Ort oder nach Hause. **h** Der Kellner bringt im Restaurant das Essen.

6 **a** richtig **b** im Büro arbeiten **c** falsch **d** Kfz-Mechatroniker werden **e** richtig **f** haben oft einen Teilzeitjob

7 **a** Am Donnerstag um 14 Uhr. **b** Diplom-Kauffrau. **c** Vor zwei Wochen. **d** Chefin. **e** Auto fahren. **f** 3 Stunden.

8 **a** Was sind Sie von Beruf? **b** Wann sind Sie geboren? **c** Wann haben Sie Ihr Diplom gemacht? **d** Seit wann sind Sie in Köln? / Wie lange leben Sie schon in Köln? **f** Seit wann sind Sie arbeitslos?

9 **2** Ja, die ist noch frei. Eine Frage: Was sind Sie denn von Beruf? **3** Ich bin Krankenschwester. **4** Aha. Und warum möchten Sie als Aushilfe im Café arbeiten? **5** Ich habe jeden Tag Deutschkurs und kann nur am Abend arbeiten. Sie suchen doch eine Aushilfe für den Abend, oder? **6** Stimmt. Von Montag bis Donnerstag. **7** Wie ist die Arbeitszeit? **8** Drei Stunden pro Abend. **9** Und wie ist der Verdienst pro Stunde? **10** 12 Euro. **11** 12 Euro? Gut. Kann ich zu Ihnen kommen? **12** Ja, gern. Kommen Sie doch morgen um 11 Uhr mal vorbei. Wir sind in der Waldstraße 10. **13** Ja, gut. Ich komme. Dann bis morgen. **14** Bis morgen. Auf Wiederhören.

10 **1** ich habe Ihre Anzeige gelesen. Sie suchen eine Verkäuferin für den Dino-Supermarkt. **2** Ich komme aus der Türkei und lebe seit einem Jahr in Deutschland. **3** Zuerst habe ich sechs Monate einen Deutschkurs gemacht. **4** Dann habe ich als Verkäuferin in einem Elektrogeschäft gearbeitet. Das hat viel Spaß gemacht. **5** Seit zwei Monaten bin ich leider arbeitslos. Ich möchte sehr gern wieder als Verkäuferin arbeiten.

11 **Musterlösung**: Sehr geehrter Herr Bauer, Sie suchen einen Verkäufer für den Dino-Supermarkt. Ich komme aus Serbien und lebe seit vier Monaten in Berlin. Im Moment mache ich jeden Vormittag einen Deutschkurs. Ich kann am Nachmittag und gern auch am Samstag arbeiten. Ich habe schon in Serbien als Verkäufer gearbeitet: in einem Möbelgeschäft. Ich möchte gern wieder als Verkäufer arbeiten. Für weitere Informationen stehe ich Ihnen gern zur Verfügung. Mit freundlichen Grüßen Goran Novakovic

Lektion 9

1 **b** Man muss sofort die Polizei anrufen. **c** Man muss zuerst im Wartezimmer warten. **d** Man muss an der Universität studieren. **e** Man muss um eine Erklärung bitten oder im Wörterbuch suchen.

2 **b** Hier dürfen wir nicht Fußball spielen. **c** Hier dürfen wir nicht parken. **d** Hier dürfen wir kein / nicht Eis essen.

3 **b** dürfen nicht **c** musst nicht **d** darfst ... nicht **e** dürfen ... nicht

4 **Typ „kommen"**: Hör zu! Hört zu! Hören Sie zu!; Schlaf! Schlaft! Schlafen Sie!; Wiederhol(e)! Wiederholt! Wiederholen Sie! **Typ „helfen"**: Gib! Gebt! Geben Sie!; Sprich! Sprecht! Sprechen Sie! **Typ „aufstehen"**: Mach aus! Macht aus! Machen Sie aus!

5 **b** ausmachen **c** buchstabieren **d** helfen

6 warten, rauchen, ausfüllen, verstehe, helfen

7 **a** Dortmund **b** Bochum **c** Frau **d** verheiratet **e** Sapporo / Japan

8 **b** richtig **c** falsch **d** falsch **e** richtig **f** richtig

9 **a** Timo versteht ein Wort nicht. **b** Mann 1 sagt: Timo muss in der Touristeninformation fragen. **c** Mann 2 sagt: Im Hofbräuhaus findet man Gemütlichkeit. **d** Mann 1 sagt: Im Hofbräuhaus findet man keine Gemütlichkeit.

10 **a** richtig **b** falsch

Pause Für das Wort „Gemütlichkeit" gibt es viele Erklärungen.

11 **Nicht-Verstehen signalisieren:** Wie bitte?, Ich verstehe das Wort nicht.; **um Erklärung bitten**: Was bedeutet das Wort?, Können Sie das bitte erklären?; **um Wiederholung bitten:** Noch einmal, bitte.; **um Hilfe bitten:** Können Sie mir helfen?, Ich brauche eine Auskunft.

12 **b** Aber ich verstehe nicht alles. Helfen Sie mir? **c** Was heißt „Behörde"? **d** Das habe ich nicht verstanden. Ich kann noch nicht so gut Deutsch.

13 **b** Trinken Sie viel Tee! **c** Nimmst du noch ein Stück Kuchen? **d** Nimm doch noch einen Apfel! **e** Bringen Sie bitte das Formular mit! **f** Muss ich hier unterschreiben? **g** Sprich langsam!

Lektion 10

1 **a** Ihr **b** Sein **c** Ihr **d** sein **e** seine **f** ihre

2 **b** Meine **c** dein/ **d** ihr**en**, sein**en** **e** eure

3 **B** soll zu Hause bleiben. **C** soll mitspielen. **D** soll den Hund in den Garten bringen.

4 **a** soll **b** sollen **c** müssen **d** muss **e** sollt

5 **a** der Fuß **b** das Bein **c** die Hand **d** das Ohr **e** das Auge **f** der Arm

6 Schmerzen, Medikamente, Apotheke, Salbe, Krankmeldung, Schnupfen, Rücken

Pause B Ich habe Schnupfen.

7 **a** 3 **b** 1 **c** 4 **d** 2

8 **a** richtig **b** falsch **c** richtig

9 **Gespräch 1**: B, **Gespräch 2**: C, **Gespräch 3**: A

10 **richtig**: a, d, f

11 **A** Meine Augen tun weh. **B** Mein Bein tut weh. **C** Mein Kopf tut weh. / Ich habe Kopfschmerzen. **D** Mein Fuß tut weh. **E** Meine Hand tut weh. **F** Mein Bauch tut weh. / Ich habe Bauchschmerzen.

12 Guten Tag, hier spricht Miller. Ich brauche bitte einen Termin bei Frau Doktor Ewers., Kann ich bitte schon heute kommen? Es ist dringend., Erst morgen? Ich habe aber starke Schmerzen., Oh, gut. Dann komme ich sofort.

13 Sehr geehrte Frau Zöllner, leider kann ich morgen nicht zum Deutschkurs kommen. Ich habe einen Arzttermin. In der nächsten Stunde bringe ich die Krankmeldung mit. / Ich bringe in der nächsten Stunde die Krankmeldung mit. Die Hausaufgaben können Sie Herrn Malik mitgeben. / Sie können die Hausaufgaben Herrn Malik mitgeben. / Können Sie die Hausaufgaben Herrn Malik mitgeben? Mit freundlichen Grüßen

Lektion 11

1 **b** der **c** den **d** dem **e** dem **f** der

2 **b** nach **c** ins **d** zu **e** in der **f** zum **g** beim

3 **a** beim, nach, zum **b** zur, zum **c** zu, bei, zu

4 **A** Bushaltestelle **B** Metzgerei **C** Hotel **D** Werkstatt **E** Kiosk **F** Bahnhof **H** Bank

5 **a** Abfahrt **b** Ankunft **d** Verspätung

6 **richtig**: b, d, e

7 **a** richtig **b** richtig **c** falsch **d** falsch **e** falsch

Pause **A** Zug **B** Bus **C** Fahrrad **D** Taxi **E** Auto **F** S-Bahn **G** Flugzeug; **Lösung**: Lara ist zu Hause.

8 **b** **Wohin?** Museum, **Wie?** mit dem Bus **c** **Wohin?** Kindergarten, **Wie?** mit dem Auto **d** **Wohin?** Bahnhof, **Wie?** mit dem Taxi

9 **a** richtig **b** falsch **c** richtig

10 **Musterlösung** **a** Gehen Sie gleich hier nach rechts und dann immer geradeaus. **b** Gehen Sie geradeaus und dann die erste Straße links. Der Bahnhof ist rechts. **c** Gehen Sie zuerst geradeaus und die dritte Straße rechts. Der Bahnhof ist links. **d** Gehen Sie gleich hier links und dann die zweite Straße rechts. Der Bahnhof ist links.

11 **a** Wann fährt der nächste Zug nach Dortmund? **b**Von welchem Gleis fährt der Zug ab? **c** Wann kommt der Zug in Dortmund an? **d** Muss ich umsteigen? **f** Bekomme ich die Fahrkarte bei Ihnen oder am Fahrkartenautomaten? / Wo kann ich die Fahrkarte kaufen?

12 **Musterlösung**: ich komme mit dem Zug. Mein Zug kommt am Samstag um 9.10 Uhr am Hauptbahnhof an. Du musst mich nicht abholen. Ich fahre mit dem Bus. Ich bleibe bis Sonntag. Mein Zug fährt um 15.30 Uhr (ab).

Lektion 12

1 **B** vor der **C** vor dem **D** beim **E** beim **F** nach der

2 **a** einer **b** einem, einer **c** einem **d** einer **e** einer

3 **b** Würden Sie bitte Frau Hellmann zurückrufen? **c** Könnten Sie bitte den Techniker anrufen? **d** Würdest du schnell zum Supermarkt fahren? **e** Könntest du bitte sofort kommen?

4 **a** sind verbunden **b** drucken **c** an **d** Ansage

5 **b** das Handy anmachen, das Handy ausmachen **c** den Herd anmachen, den Herd ausmachen **d** den Drucker anmachen, den Drucker ausmachen **e** ein Foto machen **f** das Fenster aufmachen, das Fenster zumachen **g** das Frühstück machen

6 **b** den Stecker ziehen **c** eine Taste drücken **d** ein Hotelzimmer reservieren **e** eine Nachricht hinterlassen

Pause **a** Garantie **b** Mailbox **c** Gebrauchsanweisung **d** Anschluss **e** Reparaturservice **f** Heizung **g** Rechnung **Lösung**: Toaster

7 **b** 0172 / 13 45 33 **c** 872-13 **d** 0203 / 65 02 **e** 0800 22 44 88 **f** 0175 / 21020

8 **a** Drei Konzertkarten für Junghans reservieren. **b** Den Koch informieren. **c** Einen Musiker für eine Geburtstagsparty.

9 **a** 33 77 86 54 **b** 23 **c** Samstag

10 **a** Mein Fernseher funktioniert nicht. **b** Wie kann ich Ihnen helfen? **c** Wie lange brauchen Sie für die Reparatur? **d** Ich brauche Ihre Hilfe. **e** Könnte ich bitte das Service-Team sprechen. **f** Sie sind verbunden mit dem Anschluss von Familie Mayer.

11 Könntest du bitte Obst kaufen?, Könntest du mir bitte das Wörterbuch geben?, Könntest du bitte Mama zurückrufen?, Könntest du bitte eine Zeitung mitbringen? / Könntest du bitte die Zeitung mitbringen?

12 **a** Person im Beruf **b** Anrufer **c** Person im Beruf **d** Anrufer **e** Person zu Hause **f** Anrufer

13 einen Telefonanschluss bestellt, funktioniert der, Könnten Sie, einen Techniker schicken, Es ist dringend, müssen mich erreichen, Dank für Ihre Hilfe, freundlichen Grüßen

Lektion 13

1 **b** die/diese, Die, diese, die **c** der/dieser, Den, diesen, der

2 **b** dir **c** ihm **d** uns **e** mir

3 **b** gut, besser, am besten **c** gut, besser, am besten **d** viel, mehr, am meisten **e** gern, lieber, am liebsten

4 **a** Koffer, Regenschirm **b** Jacken, Brille **c** (Brat-)Wurst **d** Seife, Zahnpasta, Zahnbürsten

5 Steht, anprobieren, passt, Gehört

6 **für Frauen**: die Bluse, das Kleid, der Rock, **für Männer**: das Hemd, **für Frauen und Männer**: die Hose, der Pullover

7 **Diese Personen finden Mode wichtig**: Jessica, Sybille **Diese Personen finden Mode nicht wichtig:** Markus, Klaus, Peter, Lina

8 **richtig**: B, C, D

Pause Man soll sich gut anziehen. Dann bekommt man mehr Respekt.

9 eine weiße Bluse, eine rosa Bluse, einen schwarzen Gürtel, einen Rock

10 **a** Entschuldigung, wo finde ich Sportkleidung? **b** Welches Kleid steht mir besser? / Welches Kleid gefällt dir besser? / Welches Kleid findest du besser? **c** Gibt es die Schuhe auch in Braun? **d** Haben Sie die Hose auch in Größe 38? **e** Welche Jacke gefällt dir besser? / Welche Jacke findest du besser? / Welche Jacke steht mir besser? **f** Wo ist denn die Kasse, bitte?

11 **b** Mir auch., Mir nicht. **c** Mir auch., Mir nicht. **d** Mir schon., Mir auch nicht. **e** Mir schon., Mir auch nicht.

12 **Musterlösung**: Hallo Steffi, ich war auch in fünf Geschäften. Aber ich habe nichts gefunden. Jetzt ziehe ich einfach meinen Rock und meine Bluse an. Der Rock ist blau und die Bluse ist weiß. Viele Grüße Gosia

Lektion 14

1 **B** Am einundzwanzigsten November. **C** Vom siebten bis dreizehnten Februar. **D** Am dritten Dezember.

2 Lissi ist auf einer Party. Dort sieht **sie** einen interessanten Mann. Leider hat **er** keine Augen für **sie**. „Was kann ich **ihn** fragen?", denkt Lissi. – „Entschuldigen Sie, wie spät ist es?", fragt **sie** den Mann. „Zehn Uhr", antwortet **er** und lacht: „Hast du keine Uhr?" „Doch." Lissi und der Mann lachen. Ein Kellner kommt und sieht **sie** an. „Darf ich dich zu einer Cola einladen?", fragt der Mann. „Ja, gern."

3 **a** denn **b** aber **c** und **d** aber **e** denn **f** denn

4 **a** zur Hochzeit gratulieren **b** eine Hochzeit feiern **d** Verwandte besuchen **e** Blumen schenken **f** Glück wünschen

5 **A** September, feiern, Bescheid **B** gratuliere, besuche, Flug **C** Einladung, Freude

6 **Ostern**: C, **Silvester**: A, **Karneval**: B

7 **a** Freunden **b** zu Partys oder tanzen **c** der Karneval **d** am Rhein **e** An Ostern **f** der Osterhase

Pause **a Text**: Rhein **b Text**: 11.11., 11.11 Uhr, **Fehler/Radio**: 12.12.,12.12 Uhr **c Text**: Süden (in Bayern und in Österreich), **Fehler/Radio**: Norden **d** Text: bis Februar, **Fehler/Radio**: 10 Tage

8 **a** richtig **b** richtig **c** falsch **d** richtig **e** falsch **f** richtig

9 **b** Ich lade dich zu meiner Abschiedsfeier ein. - Vielen Dank für die Einladung. **c** Ich habe am Samstag geheiratet. - Wir gratulieren zur Hochzeit. **d** Wir feiern am Samstag das Kurs-Ende. Im Irish Pub. Kommst du mit? - Tut mir leid, aber ich habe am Samstag keine Zeit.

10 ich lade Dich **zu** meiner Geburtstagsparty ein., Ich **würde** mich freuen., Viele **Grüße**, Tut mir leid, **ich kann** nicht kommen, ich wünsche **euch/Dir**

11 **Musterlösung**: Liebe Frau Weigel, ich lade Sie zu meinem Grillfest ein. / ich möchte Sie zu meinem Grillfest einladen. Wir grillen am 5. Mai ab 15 Uhr im Stadtpark. Kommen Sie (auch)? Ich würde mich freuen. Herzliche Grüße

Quellenverzeichnis

Cover: © Thinkstock/iStock/Natalya Filimonova

S. 6: A © Thinkstock/Stockbyte/Jupiterimages; B © Thinkstock/iStock/nicomenijes

S. 7: Mann © Thinkstock/Hemera/Zsolt Nyulaszi; Frau © fotolia/Andrey_Arkusha

S. 8: Ü14 © Thinkstock/iStock/VALPAZOU

S. 9: Ü1: oben © Thinkstock/iStock/BerryHappy; unten © Thinkstock/Purestock;
Ü3 © Thinkstock/moodboard

S. 11: Ü7 © Thinkstock/iStock/Siri Stafford; Stadt © Thinkstock/iStock/typhoonski

S. 13: © iStock/Juanmonino

S. 15: A © iStock/SednevaAnna; B © Thinkstock/iStock/LeventKonuk;
C © Thinkstock/iStock/SvetlanaK; D © Thinkstock/iStock/Frans Rombout;
E © fotolia/photocrew; F © Thinkstock/iStock/Andrii Gorulko;
G © Thinkstock/iStock/Werner Münzker

S. 17: A © Thinkstock/iStock/gpointstudio; B © Thinkstock/iStock/Lesyy

S. 21: © PantherMedia

S. 22: © Thinkstock/iStock/vitapix

S. 29: © fotolia/Peter Atkins

S. 31: alle Smileys © Thinkstock/iStock/Tigatelu; Anas © MEV; LinusF © fotolia/Zerbor;
Katja © Thinkstock/iStock/max-kegfire; Murat © PantherMedia/Igor Zhorov;
Wanderfreundin © fotolia/Dudarev Mikhail

S. 35: Ü5 © fotolia/Sebastiano Fancellu

S. 41: Ü6 © Thinkstock/iStock/domoyega

S. 42: Ü9 © Thinkstock/iStock/dolgachov

S. 46: B © Thinkstock/iStock/aimy27feb; F © iStock/furtaev

S. 47: Ü9: Hofbräuhaus © MEV; alle weiteren: Alexander Keller, München

S. 53: Ü12 © fotolia/RUSLAN GUZOV

S. 60: © Thinkstock/iStock/Urszula Trzaskowska

S. 62: Ü8 © fotolia/Kzenon

S. 66: A © iStock/Petar Chernaev; B © Thinkstock/iStock/m-imagephotography;
C © fotolia/Galina Barskaya; D © Thinkstock/iStock/Goodluz;
E © Thinkstock/iStock/m-imagephotography; F © Thinkstock/iStock/NADOFOTOS

S. 67: © Thinkstock/Creatas Images

Illustrationen: Jörg Saupe, Düsseldorf

Bildredaktion: Nina Metzger, Hueber Verlag, München